自动驾驶汽车法律规范体系比较研究

黄金晶　黄　婷　杨　洋　赵司聪　童钰翔　等　著

人民交通出版社股份有限公司

北　京

内 容 提 要

本书是一本系统解读现阶段国内外自动驾驶汽车法律规范体系发展情况及其具体内容的学术著作。全书共八章,第一章、第二章在宏观上介绍了自动驾驶汽车的概念、特征,以及自动驾驶汽车法律规范体系发展的总体情况。第三章至第七章分别介绍了美国、德国、法国、日本、英国五个国家的自动驾驶汽车法律规范体系,对主要规范、基本原则、立法特色、发展逻辑等内容进行了详细介绍和重点解读。第八章在前述国外经验的基础上,分五个领域总结了国外立法经验对我国自动驾驶汽车法律规范体系发展的借鉴与启示。

本书可供自动驾驶汽车政策法规制定者、自动驾驶产品及行业管理者、自动驾驶行业从业人员、自动驾驶法律与政策问题研究人员参考使用。

图书在版编目(CIP)数据

自动驾驶汽车法律规范体系比较研究 / 黄金晶等著. — 北京 : 人民交通出版社股份有限公司, 2023.11

ISBN 978-7-114-18996-8

Ⅰ.①自… Ⅱ.①黄… Ⅲ.①汽车驾驶—自动驾驶系统—道路交通安全法—研究—中国 Ⅳ.①D922.144

中国国家版本馆 CIP 数据核字(2023)第 175543 号

Zidong Jiashi Qiche Falü Guifan Tixi Bijiao Yanjiu

书　　名: 自动驾驶汽车法律规范体系比较研究
著 作 者: 黄金晶　黄　婷　杨　洋　赵司聪　童钰翔　等
责任编辑: 齐黄柏盈
责任校对: 孙国靖　刘　璇
责任印制: 张　凯
出版发行: 人民交通出版社股份有限公司
地　　址: (100011)北京市朝阳区安定门外外馆斜街 3 号
网　　址: http://www.ccpcl.com.cn
销售电话: (010)59757973
总 经 销: 人民交通出版社股份有限公司发行部
经　　销: 各地新华书店
印　　刷: 北京交通印务有限公司
开　　本: 787 × 1092　1/16
印　　张: 10.75
字　　数: 156 千
版　　次: 2023 年 11 月　第 1 版
印　　次: 2023 年 11 月　第 1 次印刷
书　　号: ISBN 978-7-114-18996-8
定　　价: 48.00 元
(有印刷、装订质量问题的图书,由本公司负责调换)

《自动驾驶汽车法律规范体系比较研究》

编 写 组

主要编写人员： 黄金晶 黄 婷 杨 洋

其他编写人员： 赵司聪 童钰翔 何亚琪 朱田鸽
周田昊然 汪 洋 赵光明

前　言

FOREWORD

当今世界，人工智能技术快速发展，社会智能化水平不断提高。新技术的应用给人类社会带来的变革、矛盾与挑战一直是法社会学关注和研究的重要领域。作为人工智能在道路交通领域最前沿、最重要，也最具规模性的技术应用，自动驾驶技术在世界范围内展现出了令人鼓舞的应用前景：智慧交通、车路协同、系统托管、自动配送乃至无人驾驶……这似乎预示着一种更安全、更高效、更自由的驾驶模式将会彻底改变人们的生活。

自动驾驶技术是一种由自动驾驶系统根据感知信息进行操控行为决策，并发送控制信号使车辆完成驾驶行为的驾驶自动化技术。自动驾驶技术的应用意味着在道路交通这种关系人们生命财产安全的风险场景中，人们需要将驾驶行为的决定权部分或全部地交给自动驾驶系统。近年来，随着世界各国不断开展自动驾驶汽车测试验证和上路通行活动，涉及自动驾驶汽车的交通事故也不断发生，自动驾驶汽车在给社会生活带来便利的同时，其安全性也引起了社会各方的广泛关注。

从比较法的视野来看，自动驾驶汽车究竟是交通安全的“达摩克利斯之剑”，还是能够成为推动经济发展的产业“蓝海”，很大程度上取决于相关自动驾驶法律、政策与监管规范能否有效起到保障人车安全、引导产业发展、促进技术升级、维护良法善治的规范作用。在我国，自动驾驶汽车作为智慧交通的重要组成部分，其测试与示范应用已经呈现出蓬勃发展的良好态势。随着自动驾驶汽车在技术能力与应用效果等方面的不断提升，自动驾驶技术的商业应用也进入发展突破的关键时期，这对我国自动驾驶汽车法律制度建设和执法管理工作提出了一系列新的需求。

“他山之石，可以攻玉。”在法律规范的制定和执行上，我国也需要“引进来”与“走出去”，根据我国的发展需求借鉴和学习世界各国优秀立法成果和监管经验，支持产业不断走向国际领先水平。有鉴于此，本书编写者综合考察了美国、德国、日本等国家政策法规的历史沿革与制定情况，介绍了相关国家和国际组织在自动驾驶产业推进中的最新技术发展趋势和政策法规动态，从测试验证、生产准入、上路通行、法律责任等多个方面综合分析各国自动驾驶汽车法律规范的立法特点，运用比较法学研究方法，将国外主要规范模式与我国自动驾驶汽车的政策和立法现状及进展进行交叉比对，试图在此基础上形成具有系统性、时效性、完整性的比较法成果，以期从国外自动驾驶道路交通立法中汲取有益经验，为我国自动驾驶道路交通法律制度体系的制定完善与实施提供助力。

本书共八章，第一章、第二章在宏观上介绍了自动驾驶汽车的概念、特征，以及自动驾驶汽车法律规范体系发展的总体情况。第三章至第七章分别介绍了美国、德国、法国、日本、英国五个国家的自动驾驶汽车法律规范体系，对主要规范、基本原则、立法特色、发展逻辑等内容进行了详细介绍和重点解读。第八章在前述国外经验的基础上，分五个领域总结了国外立法经验对我国自动驾驶汽车法律规范体系发展的借鉴与启示，比较系统地解读了现阶段国内外自动驾驶汽车法律规范体系发展情况及其具体内容。

我们衷心希望本书能够为自动驾驶汽车政策法规制定者、自动驾驶产品及行业管理者、自动驾驶行业从业人员、自动驾驶法律与政策问题研究人员以及其他关心自动驾驶汽车发展的社会各界人士提供了解国内外法律制度的良好窗口和积极参考。如有不周之处，还望不吝指正。

著作者

2023 年 6 月

目　录

CONTENTS

第一章　自动驾驶汽车的概念与特征 …… 1

一、自动驾驶汽车的技术概念与特点 …… 1

二、自动驾驶汽车相关法律概念的界定 …… 4

第二章　自动驾驶汽车法律规范体系发展总体情况 …… 10

一、法律性质与基本原则 …… 11

二、测试验证与准入登记 …… 15

三、上路通行与商业化运营 …… 20

四、事故处理与法律责任 …… 22

第三章　美国自动驾驶汽车法律规范体系 …… 28

一、联邦自动驾驶相关法案的制度建设 …… 28

二、各州立法 …… 42

三、联邦与各州立法的冲突与调和 …… 48

四、美国自动驾驶道路交通事故法律责任认定原则 …… 49

第四章　德国自动驾驶汽车法律规范体系 …… 54

一、德国立法现状 …… 54

二、《第八修正案》主要内容解析 …… 55

三、德国《自动驾驶法》主要内容解析 …… 59

四、《自动驾驶汽车准入和运营条例》主要内容及解析 …… 67

五、《自动化和网联化车辆交通道德准则》主要内容解析 …… 68

第五章　法国自动驾驶汽车法律规范体系 …… 73
一、自动驾驶汽车相关责任主体 …… 73
二、自动驾驶汽车分级 …… 74
三、自动驾驶汽车交通事故处理 …… 77
第六章　日本自动驾驶汽车法律规范体系 …… 80
一、自动驾驶汽车监管体制 …… 80
二、自动驾驶汽车道路测试要求 …… 82
三、自动驾驶汽车技术安全要求 …… 86
四、《道路运输车辆法》和《道路交通法》的主要修改内容 …… 88
第七章　英国自动驾驶汽车法律规范体系 …… 90
一、自动驾驶汽车的定义 …… 90
二、测试要求 …… 91
三、市场准入 …… 93
四、上路通行 …… 95
五、保险和交通事故责任规制 …… 96
六、网络安全 …… 101
第八章　国外立法经验的借鉴与启示 …… 104
一、战略发展和整体规划 …… 104
二、政府监督和产业落地 …… 105
三、测试验证与准入登记 …… 107
四、上路通行与商业化 …… 108
五、交通违法与事故责任 …… 109
结语 …… 112
参考文献 …… 114

附录 1 德国《道路交通法(第八修正案)》 …… 116
附录 2 德国《自动驾驶汽车准入和运营条例》 …… 120
附录 3 日本《道路交通法修正案》(自动驾驶部分) …… 137
附录 4 日本《道路运输车辆法修正案》 …… 140
附录 5 日本《自动驾驶系统的道路实证测试指南》 …… 148
附录 6 日本《远程型自动驾驶汽车公共道路实证测试的道路使用许可申请处理标准》 …… 154

第一章　自动驾驶汽车的概念与特征

自动驾驶汽车作为一种集人工智能、高精地图、激光雷达、大数据处理等多种先进技术于一身的工业产品，虽然源自传统机动车生产制造技术，但是在功能实现的技术路径和自动化级别等方面与传统机动车存在显著区别。在各国传统道路交通法律法规制定过程中，立法者显然难以预设未来可能出现的自动驾驶技术以及其风险场景的具体情形，因此，对于交通规则的设计、法律责任的规范都是建立在由人类驾驶车辆这一前提之上的。自动驾驶技术的出现显然超出了传统道路交通法律法规对于车辆、驾驶人等方面内容的立法原意，这也意味着立法者要重新理解、解释和定义自动驾驶汽车这一全新概念。通过考察自动驾驶汽车的发展史，不难发现，在自动驾驶汽车出现的初期，规范语言对于技术概念的描述经历了一个较为混乱和概括的时期。随着自动驾驶技术的不断成熟及相关法律法规制度的逐步建立，自动驾驶汽车的概念也逐渐明晰。因此，厘清自动驾驶汽车的概念与内涵，是研究自动驾驶道路交通相关法律制度的基础和前提。

一、自动驾驶汽车的技术概念与特点

“自动驾驶汽车”概念源于 automated/autonomous vehicles 一词，部分自动驾驶汽车一般可通过网联方式实现其自动驾驶功能。2020 年，由国家发展改革委等十一部委联合发布的《智能汽车创新发展战略》指出：“智能汽车是指通过搭载先进传感器等装置，运用人工智能等新技术，具有自动驾驶功能，逐步成为智能移动空间和应用终端的新一代汽车。智能汽车通常又称为智能网联汽车、自动驾驶汽车等。”根据工业和信息化部、国家标准化管理委员会《国家车联网产业标准体系建设指南(智能网联汽车)(2023 版)》的定义,智能网联汽车是指具备环境感知、智能决策和自动控制,或与外界信息交互,乃至协同控制功能的汽车。

广义上看,自动驾驶汽车是一个很宽泛的概念,涵盖了从部分驾驶自动化到完全驾驶自动化在内不同自动化水平的各类车型。根据国际自动机工程师学会(Society of Automotive Engineers International,简称“SAE International”)发布的自动驾驶分级标准,自动驾驶功能可以由低到高分为 L0 ~ L5 六个级别。其中,L3 级别为有条件自动驾驶,指由自动驾驶系统完成所有的技术操作,根据系统要求人类驾驶人需要在适当的时候进行接管;L4 级别为高度自动驾驶,是指在特定模式下,即便人类驾驶人无法根据汽车响应对车辆进行接管,自动驾驶系统仍能应对几乎所有的驾驶任务;L5 级别为完全自动驾驶,是指在任何路况、环境和条件下,自动驾驶系统都可以完成所有驾驶任务,并且无须驾驶人员的接管。我国关于汽车驾驶自动化分级的最新标准是 2021 年 8 月 20 日由国家市场监督管理总局、国家标准化管理委员会发布的《汽车驾驶自动化分级》(GB/T 40429—2021)(简称“分级标准”),该标准自 2022 年 3 月 1 日起实施。分级标准将汽车驾驶自动化等级划分为 6 个级别,分别为 0 ~ 5 级。3 级驾驶自动化(有条件自动驾驶)系统在其设计运行条件下持续地执行全部动态驾驶任务。4 级驾驶自动化(高度自动驾驶)系统在其设计运行条件下持续地执行全部动态驾驶任务并自动执行最小风险策略。5 级驾驶自动化(完全自动驾驶)系统在任何可行驶条件下持续地执行全部动态驾驶任务并自动执行最小风险策略。

分析上述自动驾驶分级标准不难发现,SAE International 发布的自动驾驶系统分级标准和我国的分级标准采用的都是“六分法”。SAE International 标准下 L3、L4、L5 三个级别与我国分级标准中的 3 级(有条件自动驾驶)、4 级(高度自动驾驶)、5 级(完全自动驾驶)三个等级,能够一一对应匹配。

需要明确的是,虽然广义上的驾驶自动化包含了五种驾驶自动化等级,但法律意义上的自动驾驶汽车只有在达到 L3 级别及以上驾驶自动化水平的时候才能被认定。联合国《自动驾驶汽车框架文件》就指出，其约束的对象仅限于L3级别及更高级别(Level 3 and higher)。在我国，为了有效区分不同自动化级别的车辆，一般把具有2级以下驾驶自动化水平的车辆称为辅助驾驶汽车，将具有3级及以上驾驶自动化水平的车辆称为自动驾驶汽车。

依据SAE International对自动驾驶级别的分级，我们可以看出，L1级别驾驶自动化系统可以通过驾驶环境对转向盘和加减速中的一项操作提供驾驶支持，其他驾驶动作由人类驾驶人操作。L2级别驾驶自动化系统通过驾驶环境对转向盘和加减速中的多项操作提供驾驶支持，其他驾驶动作由人类驾驶人操作。搭载L3级别驾驶自动化系统的自动驾驶汽车由系统完成所有的驾驶操作，根据系统要求，人类驾驶人需要在适当的时候进行接管。而在L4级别高度自动驾驶中，汽车行驶由驾驶系统完成所有的驾驶操作，但根据系统要求，人类驾驶人可根据限定道路和环境条件等，对特定系统请求进行接管。L5级别完全自动驾驶更是达到了在所有人类驾驶人可以应对的道路和环境条件下均可以由自动驾驶系统自主完成所有的驾驶操作。处于高度自动驾驶阶段的智能汽车，驾驶人无须介入车辆操作，车辆就会自动完成所有情况下的自动驾驶。在高度自动驾驶阶段，车辆若遇到无法处理的驾驶情况，会提示驾驶人是否接管，若驾驶人不接管，车辆会根据最小风险策略，采取如靠边停车等保守处理模式，以保证安全。在完全自动驾驶阶段，车辆中可能已没有驾驶人或乘客，无人驾驶系统需要处理所有驾驶情况，并保证安全。目前，以谷歌为代表的一部分互联网技术公司，其发展思路是跨越人机共驾阶段，直接推广高度自动/无人驾驶系统，而传统汽车企业大多数还是按照渐进式发展路线逐级发展。

通过对比可以发现，在辅助驾驶汽车运行的过程中，人类驾驶人仍然是驾驶行为的控制者和主导者，仍然享有对驾驶行为的主导权，在车辆行驶过程中，必须高度警惕、全程关注驾驶情况和车内外的安全情况，履行驾驶人的法定义务。辅助驾驶系统不能替代人类驾驶人完成驾驶行为，其功能目的在于辅助人类驾驶人更好地完成驾驶行为，而绝无越俎代庖之能。在自动驾驶功能开启后，系统基于各类传感器所获取的道路及交通信息进行计算并作出行为决策，下发指令控制车辆移动并实现部分或全部实施驾驶行为。在高度和完全自动驾驶阶段,自动驾驶系统能够应对更复杂的处置场景并具有更广的适用性,“人”的因素在高度和完全自动驾驶级别下被逐渐弱化,人类驾驶人的角色从人机共驾关系下接管者逐步转变为技术监督者,乃至是一般乘客。然而值得注意的是,自动驾驶汽车(即便在完全自动驾驶情况下)能否完全地享有车辆控制权,甚至在发生危及生命安全的情况下仍然具有绝对的判断和处置权,目前仍然存在争议,这种争议很大程度上来源于由机器对生命价值进行判断和取舍这种潜在可能性所引发的道德和伦理学担忧。因此,完全无人化的自动驾驶能否走进现实世界,仍然有待法律与技术的进一步探索。

二、自动驾驶汽车相关法律概念的界定

(一)自动驾驶汽车相关法律责任

自动驾驶汽车相关法律责任,指的是在自动驾驶汽车从设计生产到上路通行等各个环节中可能直接或者间接产生的,对责任主体具有法律强制性的负担或者义务。从环节和内容上看,自动驾驶汽车相关法律责任可以分为:

(1)设计、生产、制造、销售环节。可能产生法律责任的情形包括因自动驾驶系统功能设计或者产品组合存在缺陷,从而导致自动驾驶汽车无法实现预期功能,或者存在其他安全隐患、设计缺陷,由此产生的法律责任。如生产者、销售者的产品责任、安全保障责任等。

(2)测试、验证、升级环节。可能产生法律责任的情形包括违反规定,在未取得授权或超越授权的情况下开展道路测试;伪造或篡改测试验证成果;隐瞒风险与技术隐患;未按要求进行测试验证;在未经许可或备案情况下私自进行技术升级等。

(3)审验、登记、核准环节。可能产生法律责任的情形包括未按规定申领测试或正式号牌;未按规定进行车辆审验与登记;未按规定进行涂装和公示;非法改装、非法转让等。

(4)上路通行、安全保障环节。可能产生法律责任的情形包括自动驾驶汽车因系统原因实施违反道路交通安全法律法规的行为;自动驾驶汽车因系统原因发

生交通事故；自动驾驶汽车驾驶人、所有人或者管理人未按道路交通安全法律法规的规定履行法定义务；整车生产企业、运营使用主体未履行安全保障义务、未按规定建设安全保障平台和安全保障制度；企业运行安全保障人员未尽安全保障义务、未尽安全救助义务导致发生自动驾驶汽车安全性事件等。

(5)数据安全与网络安全方面。可能产生法律责任的情形包括侵犯车内乘客个人隐私或个人信息权；未按规定进行车内处理或数据脱敏；未按要求进行数据存储、传输；未按要求向监管部门提供故障或事故数据；因数据安全、网络安全等方面的隐患造成国家秘密泄露、公共利益受损，或他人人身权益、财产权益受损等。

此外，从法律责任的性质上来看，自动驾驶汽车相关法律责任还可以分为民事责任、行政责任、刑事责任等，在此不再赘述。

(二)自动驾驶汽车相关法律责任主体

自动驾驶汽车法律责任主体，指的是因实施了与自动驾驶汽车生产、使用等相关的特定行为而需承担相应法律责任的主体。此类主体既包括法律意义上的拟制人，如自动驾驶汽车整车生产企业、系统设计企业、设备提供企业、使用运营企业、安全维护企业、销售企业等；也包括自然人，如自动驾驶汽车驾驶人(使用人)、所有人、管理人、自动驾驶企业安全从业人员、安全管理人员等。

(三)自动驾驶汽车交通事故法律责任

自动驾驶汽车交通事故法律责任中的“法律责任”指的是狭义的法律责任，即责任主体违反了有关法律法规的规定，实施了妨碍道路交通秩序、侵犯他人人身或者财产权益的行为，从而承担的否定的并带有强制性的法律后果。这种责任既包括发生交通事故引发的法律责任，也包括虽未发生交通事故等危害后果，但具有交通违法犯罪行为的危险状态而导致的法律责任。其中，交通事故法律责任则指车辆上道路行驶发生交通事故，交通事故当事人由于违反了有关法律法规的规定，妨碍道路交通秩序，侵犯公共财产权或者侵犯个人人身或者财产权，进而承担的法律责任，包括交通事故的民事责任、行政责任和刑事责任，见表1-1。

自动驾驶汽车交通事故法律责任　　表 1-1

责任类型	责任内容	责任主体
民事责任	侵权损害赔偿责任	相关企业、驾驶人(使用人)、其他道路交通参与者等
	合同违约责任	
	保险责任	
行政责任	行政处罚	相关企业、企业安全管理人员、驾驶人(使用人)、其他道路交通参与者等
	交通违法记分教育措施	驾驶人(使用人)
刑事责任	构成犯罪	相关企业、企业安全管理人员、驾驶人(使用人)等

1. 民事责任

车辆上道路行驶发生交通事故可能导致多种民事责任,包括侵权责任、违约责任以及保险责任等。《中华人民共和国民法典》第七编“侵权责任”第一千一百六十五条第一款规定,行为人因过错侵害他人民事权益造成损害的,应当承担侵权责任。交通事故侵权行为导致的损害赔偿责任是交通事故民事责任中最主要的体现,可以分为机动车一方整体对外赔偿责任和机动车一方内部赔偿责任。主要法律依据为《中华人民共和国道路交通安全法》第七十六条、《中华人民共和国民法典》第七编“侵权责任”和《最高人民法院关于审理道路交通事故损害赔偿案件适用法律若干问题的解释(2020 年修正)》(法释〔2020〕17 号)。《中华人民共和国民法典》第三编“合同”第五百七十七条规定,当事人一方不履行合同义务或者履行合同义务不符合约定的,应当承担继续履行、采取补救措施或者赔偿损失等违约责任。道路交通领域的违约责任主要体现为运输合同的违约责任,即托运人未按照约定运输路线在约定期间内将人员或者货物安全运输到约定地点而承担的相应违约责任。在法律适用中,违约责任与侵权责任可能产生竞合,从而导致责任的混同。保险责任是指保险人依照保险合同对被保险人或者受益人承担的保险给付责任,包括机动车第三者责任强制保险责任和其他商业保险责任等。

在传统车辆机动车交通事故处理实践中，首先应由保险公司在机动车第三者责任强制保险责任限额范围内予以赔偿，不足的部分根据《中华人民共和国道路交通安全法》第七十六条关于机动车交通事故赔偿责任的规定，按照机动车、非机动车和行人的属性进行责任分配；其次，根据分配规则由机动车一方承担赔偿责任的部分，由驾驶人和所有人或者管理人根据侵权责任规定承担。有证据证明交通事故是由机动车产品存在设计缺陷导致的，受害者可以依法向肇事者或向机动车的生产者、销售者主张赔偿责任。

2. 行政责任

车辆上道路行驶发生交通事故导致的行政责任，一般包括针对国家单位人员的纪律处分和针对行政相对人的行政责任。针对行政相对人的行政责任通常包括两方面。一是在一般性交通事故中，公安机关交通管理部门依据道路交通安全法律法规、规章对驾驶人交通违法行为的行政处理，包括口头批评教育，警告、罚款、暂扣或者吊销机动车驾驶证、拘留的行政处罚，以及交通违法记分的教育措施。二是在生产安全类交通事故中，即生产经营活动中发生的交通事故，常见的有在道路旅客运输、道路货物运输中发生事故应承担的行政法律责任，体现为：应急管理部门依据《中华人民共和国安全生产法》《生产安全事故报告和调查处理条例》等对生产经营单位及相关责任人员的安全生产违法行为的行政处罚，包括罚款、责令停产停业、撤职等；交通运输部门依据《中华人民共和国公路法》《中华人民共和国道路运输条例》《公路安全保护条例》等对驾驶人及运输企业的道路运输违法行为的行政处罚，包括罚款、吊销经营许可证、没收违法所得等。

3. 刑事责任

车辆上道路行驶发生交通事故可能导致对刑法保护法益的侵犯，因而受到刑事责任追究。根据《中华人民共和国刑法》的规定，交通事故法律责任追究中，当事人可能涉及30项罪名（表1-2），除传统由公安机关交通管理部门管辖的交通肇事罪、危险驾驶罪外，还包括破坏交通工具罪、破坏交通设施罪、重大责任事故罪、妨害公务罪、破坏计算机信息系统罪等。

自动驾驶汽车交通事故相关刑事法律责任　　表 1-2

序号	罪名	序号	罪名
1	交通肇事罪	16	故意杀人罪
2	危险驾驶罪	17	过失致人死亡罪
3	以危险方法危害公共安全罪	18	故意伤害罪
4	破坏交通工具罪	19	过失致人重伤罪
5	过失损坏交通工具罪	20	侵犯公民个人信息罪
6	破坏交通设施罪	21	故意毁坏财物罪
7	过失损坏交通设施罪	22	妨害公务罪
8	非法制造、买卖、运输、储存危险物质罪	23	伪造、变造、买卖国家机关公文、证件、印章罪
9	重大责任事故罪	24	伪造公司、企业、事业单位、人民团体印章罪
10	强令、组织他人违章冒险作业罪	25	伪造、变造、买卖身份证件罪
11	不报、谎报安全事故罪	26	使用虚假身份证件、盗用他人身份证件罪
12	生产、销售不符合安全标准的产品罪	27	破坏计算机信息系统罪
13	非法经营罪	28	提供侵入、非法控制计算机信息系统程序、工具罪
14	提供虚假证明文件罪	29	非法获取计算机信息系统数据、非法控制计算机信息系统罪
15	出具证明文件重大失实罪	30	非法侵入计算机信息系统罪

(四)自动驾驶汽车交通事故责任

根据《中华人民共和国道路交通安全法》第七十三条的规定,公安机关交通管理部门应当根据交通事故现场勘验、检查、调查情况和有关的检验、鉴定结论,及时制作交通事故认定书,作为处理交通事故的证据。公安机关交通管理部门在交通事故认定书中认定的“交通事故责任”,是在查明交通事故原因后,依照道路交通管理的法律、法规和规章,对当事人在交通事故中所起的作用以及过错的严重程度作出的定性、定量的结论,也是用以说明事故发生原因的结论。交通事故责任是具有一定客观性的概念,反映的是在一起交通事故中交通参与者的交通行为是否与交通事故的后果有因果关系,在多大程度上存在因果关系的问题。因此,交通事故责任虽然被冠以“责任”之名,但它本身并不是一般含义上的法律责任。它的内涵是当事人违反交通管理的行为对交通事故产生影响的大小,类似于我们依据“过错”来确定法律责任:过错大,承担的法律责任就相对较大;过错小,承担的法律责任就相对较小。因此,交通事故责任虽然直接关系当事人法律责任的承担,但它并不等于实际应当承担的民事、行政或刑事法律责任,而是决定当事人是否承担法律责任以及责任大小的一个至关重要的因素。

第二章　自动驾驶汽车法律规范体系发展总体情况

由于自动驾驶汽车整体的技术路线尚未完全定型、内部生态错综复杂，对自动驾驶汽车进行法律规范体系建设不能一蹴而就，需要分阶段、渐进式地从设计、验证、测试逐渐向上路通行、商业化运营的方向完善。在自动驾驶汽车技术和商业化发展的不同级别、不同阶段、不同历史时期，往往需要因时制宜、因地制宜，采取不同的立法态度和规则设计，才能充分实现该阶段的发展目标，顺利向下一阶段过渡。

目前，美国、英国、日本、韩国以及包括我国在内的许多国家都致力于鼓励市场主体开展自动驾驶技术的研发创新和落地应用，并在政策立法方面不断创新和迭代，以推动自动驾驶技术发展，提高道路交通安全水平。总体来看，各国在具体立法路径和规范方法方面，既存在一定差异，也达成了一些共识，全球自动驾驶技术发展的主要国家正在不断致力于统一化的自动驾驶汽车标准体系建设。因此，有必要系统梳理各国在自动驾驶汽车发展的不同阶段和不同方面的立法规范进程，以及当前该国自动驾驶汽车法律规范体系的历史沿革，才能更好地理解当今世界各国自动驾驶汽车法律规范体系的特征与内涵，形成对各国自动驾驶汽车法律规范体系的全面认识。

一、法律性质与基本原则

(一)美国

从规范制定主体的角度看,美国自动驾驶汽车法律规范体系主要可以分为三种类型:一是由联邦政府部门发布的有关自动驾驶汽车的规范性文件、标准、指南等具有规范意义的文件,主要由运输部(U. S. Department of Transportation, DOT)发布;二是联邦层面的正式立法,需通过参众两院表决后由总统签发,在全国范围内生效;三是各州立法,由州立法机关表决生效后在各州范围内施行。尽管美国政府一直试图在联邦层面建成统一的自动驾驶汽车规范体系,但各州对自动驾驶技术的态度及其管理方法仍然呈现出较大不同。

联邦政府层面,自动驾驶汽车规范制定及执行主要由运输部及其下属的美国国家公路交通安全管理局(National Highway Traffic Safety Administration,NHTSA)负责,NHTSA 于 2016 年开始发布自动驾驶汽车准则,并每年更新迭代一个版本。2016 年,NHTSA 发布了《自动驾驶汽车准则 1.0:联邦自动驾驶汽车政策》(AV1.0),对自动驾驶汽车提出了 15 项安全评估要求。2017 年又如期发布了《自动驾驶汽车准则 2.0:安全愿景》(AV2.0),将 AV1.0 中的 15 项安全评估要求简化为 12 项。相比于上一版本,可以明显看出美国运输部的管理方向是减少强制性的安全评估标准,从而促进产业创新。2018 年,《自动驾驶汽车准则 3.0:未来交通展望》(AV3.0)发布,明确提出将对自动驾驶汽车的发展给予国家层面的大力支持。同年,美国运输部长赵小兰(Elaine Chao)在一场演讲中总结了美国规范自动驾驶汽车交通监管体系的六项基本原则:一是安全第一;二是灵活变通,保持技术中立;三是注重车辆性能及安全性,不对装置进行强制性规定;四是尽量统一各地法规;五是尽量促进自动驾驶汽车安全融入交通运输系统;六是充分应对城乡环境下自动驾驶汽车与传统车辆共享道路的问题。2020 年 1 月发布的《自动驾驶汽车准则 4.0:确保美国自动驾驶领先地位》(AV4.0)将上述六项原则扩充总结为三大方面的十项基本原则,分别是:一是保护用户和社群,包含的原则有优先考虑用户、强调保密和网络安全、确保隐私和数据安全、增强流动性和可用性;二是促进有效市场,包含的原则有保持技术中立、保护美国的创新力与创造力、促进制度的现代化;三是促进协调与沟通,包含的原则有促进统一的标准和政策、确保统一的联邦方法、提高交通安全整体水平。

联邦立法层面,2017 年 9 月 6 日,美国众议院通过了《确保车辆演化的未来部署和研究安全法案》(*Safety Ensuring Lives Future Deployment and Research in Vehicle Evolution Act*,SELF DRIVE Act),编号 H. R. 3388。由于该法案是美国在自动驾驶汽车领域的开创性立法,因此一般将其简称为《自动驾驶法案》。该法案最大的亮点是设定了联邦政府层面的规则,用以代替各州的立法和规定,并赋予 NHTSA 权力,以监管普通车辆的方式,通过修订法规和豁免,对自动驾驶汽车在制造、设计等方面进行统一监管。同时,该法案对自动驾驶相关法律概念作出定义,明确:自动驾驶系统(Automated Driving System)是指在一个可持续的基础上,不限于特定的操作运行设计领域的,全面地胜任执行全部动态驾驶任务的硬件和软件系统。高度自动驾驶汽车(Highly Automated Vehicle)是指装备了自动驾驶系统的车辆,但不包括商务机动车辆(由美国法典 49 U. S. C. 31101 定义的多于 10 座的商务车)。值得注意的是,该法案目前仍未生效。

州立法层面,亚拉巴马州、阿肯色州等多州都对自动驾驶相关关键概念进行了法律定义,如路易斯安那州将"自动驾驶系统"定义为"能够持续执行整个动态驾驶任务的硬件和软件,无论它是否局限于特定的操作设计领域",将"自主商用机动车辆"定义为"商业中使用的机动车辆,并配备自动驾驶系统,包括那些设计为在没有驾驶人的情况下运行的车辆"。

(二)德国

德国自动驾驶汽车立法进程可以通过两个标志性事件分为两个不同的发展阶段。首先是在 2017 年,德国通过了《道路交通法(第八修正案)》,该修正案允许 L3 级别自动驾驶汽车在符合特定条件的情况下上路通行,但要求车辆内必须具备驾驶人,且驾驶人在自动驾驶汽车行驶过程中需具备相当的注意义务。之后在 2021 年,德国立法机关通过了《修正〈道路交通法〉和〈强制保险法〉的法律草案——〈自动驾驶法〉》(简称"德国自动驾驶法")。该法明确,本法所指具有自主驾驶功能的机动车是指,在没有人驾驶车辆的情况下,能在特定操作区域内独立完成驾驶任务,并且具有避免事故发生的系统的机动车。该法首次在法律层面明确了无人驾驶模式的合法性,在一定程度上为德国高级别自动驾驶汽车的发展扫清了制度障碍。2022 年 5 月,德国联邦参议院通过《自动驾驶汽车准入和运营条例》(AFGBV),将德国自动驾驶法中的相关规定予以细化,增强了德国自动驾驶汽车法律规范体系的精密性和有效性。

(三)英国

2017 年 10 月,英国提出《自动与电动汽车法案》(*Automated and Electric Vehicles Bill*,简称“AEV 法案”);2018 年 7 月 19 日,AEV 法案正式生效。根据 AEV 法案第 1 条规定,英国自动驾驶汽车目录中的自动驾驶汽车应当满足如下要求:一是交通大臣认为该汽车被设计或改装成至少在某些场景或环境下能够实现安全的“自我驾驶”(Driving themselves);二是至少能在某些场景或情形下,在英国的道路或其他公共场所中,在“自我驾驶”状态下被合法地使用。

同时,AEV 法案要求交通大臣在首次制定以及每次更新自动驾驶汽车目录之后都应将之公开。根据该法案规定,“自我驾驶”是指自动驾驶汽车在没有人类控制,也不需要人类监控的模式下运行。

2017 年,英国政府发布了《通向自动驾驶之路(政府反馈)》。该文件指出:“自动驾驶系统与高级驾驶辅助系统(Advanced Driver Assistance System,ADAS)不同,就高级驾驶辅助系统而言,人类驾驶人必须监控车辆并随时准备接管车辆。而就自动驾驶系统而言,在部分或全部的路段中,人类驾驶人能够脱离驾驶任务,在自动驾驶功能(Automated Driving Function,ADF)启动时将车辆的控制权完全交给自动驾驶汽车,而不需要人类驾驶人的干预或监控。”

法律层面,2021 年,英国交通部就修订《公路法》征求意见。征求意见稿中对自动驾驶汽车的定义做了如下描述:“自动驾驶汽车是指被交通大臣列入相关清单的车辆。这些车辆在某些特定情况下能够安全地自动驾驶,且无须驾驶人监控。自动驾驶汽车不同于只配备辅助驾驶功能(如巡航控制和车道保持辅助功能)的车辆,后者只能执行部分驾驶任务且驾驶人要一直驾驶。对于具有辅助驾驶功能的汽车,应适用《公路法》第 150 条。”由此可见,在法律性质上,英国目前已经对辅助驾驶汽车和自动驾驶汽车进行了明确区分。

(四)中国

我国自动驾驶汽车规范体系的创制起步稍晚于美国、日本等国家,但整体来看,近年来我国自动驾驶汽车法律规范体系的发展坚持大胆创新、小心求证、阶段推进、逐步完善、试点先行、整体统筹,已经取得了一定的立法成果,并且在自动驾驶汽车产业发展过程中初见成效。

部委层面,国家各相关部委正在积极为自动驾驶汽车产业发展构建新型政策管理和法规体系。2020 年 2 月,国家发展改革委等十一部委联合印发《智能汽车创新发展战略》,首次提出“智能汽车已成为全球汽车产业发展的战略方向”。2020 年 12 月,交通运输部印发《关于促进道路交通自动驾驶技术发展和应用的指导意见》。2021 年 4 月,工业和信息化部发布《智能网联汽车生产企业及产品准入管理指南(试行)(征求意见稿)》。2021 年 7 月,工业和信息化部、公安部、交通运输部三部委印发《智能网联汽车道路测试与示范应用管理规范(试行)》。2022 年 11 月,工业和信息化部、公安部公布《关于开展智能网联汽车准入和上路通行试点工作的通知(征求意见稿)》,我国自动驾驶汽车法律规范体系建设取得阶段性成果。

地方立法层面,近年来自动驾驶汽车在落地过程中采取了“单点突破、试点先行”的发展模式,一些地方立法也已经做了有益探索。据统计,我国已有超过 20 个城市出台了自动驾驶汽车道路测试的相关政策。例如,北京市经济和信息化局于 2021 年 4 月发布了《北京市智能网联汽车政策先行区总体实施方案》。2021 年 12 月,上海市政府发布了《上海市智能网联汽车测试与应用管理办法》,该办法对于智能网联汽车的定义沿用了《国家车联网产业标准体系建设指南(智能网联汽车)(2017 年)(征求意见稿)》的表述,并明确:“智能网联汽车测试与应用活动应当遵循鼓励创新、审慎包容、安全有序、开放合作、绿色环保的原则。”2022 年 6 月,深圳市第七届人民代表大会常务委员会第十次会议通过了《深圳经济特区智能网联汽车管理条例》,该条例明确,智能网联汽车是指“可以由自动驾驶系统替代人的操作在道路上安全行驶的汽车，包括有条件自动驾驶、高度自动驾驶和完全自动驾驶三种类型”。同时提出，“智能网联汽车管理应当遵循依法有序、严格监管、安全可控的原则”。需要指出的是，该条例是国内首部正式生效的对自动驾驶汽车进行专门规定的地方性法规，根据《中华人民共和国立法法》相关规定，深圳市属于拥有特别立法权的经济特区，因此，本条例在法律效力上与法律相当。

法律层面，目前正在征求意见的《中华人民共和国道路交通安全法（修订建议稿）》拟在其中专门增加一条关于自动驾驶汽车的规定，并对测试、上路通行、法律责任等方面的内容进行原则性规定，但该修订建议稿目前并未正式生效。

二、测试验证与准入登记

（一）美国

联邦层面，NHTSA 一直持续推进美国自动驾驶汽车相关测试和准入标准的更新。2022 年 3 月 10 日，NHTSA 发布了《无人驾驶乘员保护安全标准》（*Occupant Protection Safety Standards for Vehicles Without Driving Controls*）的最终规则版本，该标准将“转向盘”（Steering wheel）更改为“转向控制”（Steering control）；将“驾驶人座椅位置”（Driver's seating position）更改为“驾驶人指定座椅位置”（Driver's designated seating position），同时将其定义范围扩大，修改为“可提供立即访问手动操作驾驶控制装置的指定座位”（A designated seating position providing immediate access to manually operated driving controls）；同时明确自动驾驶汽车生产企业不再需要为全自动汽车配备人工驾驶控制系统来满足碰撞标准。

此外，美国多州和华盛顿哥伦比亚特区正在积极推进自动驾驶汽车道路测试法规制定。目前已有加利福尼亚州、密歇根州、俄亥俄州、佛罗里达州、亚利桑那州、宾夕法尼亚州、弗吉尼亚州、马萨诸塞州、内华达州以及华盛顿哥伦比亚特区等颁布了道路测试法规。按照上路测试是否需要许可和是否需要车辆安全员同行这两条基本原则，可以将各州道路测试类型分为三大类，详见表 2-1。

美国道路测试分类 表 2-1

分类	主要原则	典型州和特区
采取上路许可的原则	需要申请测试许可，但是不强制需要车辆安全员同行	密歇根州、佛罗里达州、宾夕法尼亚州、加利福尼亚州、内华达州
采取普遍授权的原则	不需要申请测试许可，也不需要车辆安全员同行	俄亥俄州、亚利桑那州、弗吉尼亚州、华盛顿哥伦比亚特区
采取循序渐进的原则	需要申请测试许可，也需要车辆安全员同行	马萨诸塞州

截至2016年底，美国已有60多座自动驾驶汽车试验场。2017年1月19日，美国运输部指定10个国家级“自动驾驶汽车试验场”。之后，虽然美国运输部基于中立客观的原则取消了上述10个试验场的“国家级”名义，但是，这些试验场依旧是美国自动驾驶汽车试验场的典型代表。十大自动驾驶汽车试验场及试验场景见表2-2。

美国十大自动驾驶汽车试验场及试验场景 表 2-2

序号	自动驾驶汽车试验场	所在州	模拟试验室	封闭测试区	园区	城区	公路	V2X专用短程通信（DSRC）技术
1	Contra Costa Transportation Authority（CCTA）&GoMentum Station（康特拉科斯塔交通管理局和戈门图姆站）	加利福尼亚州	具备	具备	具备	具备	具备	具备
2	San Diego Association of Governments（圣迭戈政府联合会）	加利福尼亚州					具备	
3	American Center for Mobility（ACM）at Willow Run（位于 Willow Run 的美国移动中心）	密歇根州		具备				具备
4	Central Florida Automated Vehicle Partners（佛罗里达州中部地区自动驾驶汽车合作伙伴）	佛罗里达州	具备	具备	具备	具备	具备	

续上表

序号	自动驾驶汽车试验场	所在州	模拟试验室	封闭测试区	园区	城区	公路	V2X 专用短程通信(DSRC)技术
5	City of Pittsburgh and the Thomas D. Larson Pennsylvania Transportation Institute (匹兹堡市和宾夕法尼亚州托马斯·D·拉尔森交通研究所)	宾夕法尼亚州		具备		具备		具备
6	Texas AV Proving Grounds Partnership (得克萨斯州自动驾驶汽车试验场合作伙伴)	得克萨斯州	具备	具备	具备	具备	具备	
7	U. S. Army Aberdeen Test Center (美国陆军阿伯丁测试中心)	马里兰州	具备	具备				
8	Iowa City Area Development Group (艾奥瓦城市地区开发集团)	艾奥瓦州	具备			具备	具备	
9	University of Wisconsin-Madison (威斯康星大学麦迪逊分校)	威斯康星州	具备	具备	具备	具备	具备	具备
10	North Carolina Turnpike Authority (北卡罗来纳州收费公路管理局)	北卡罗来纳州					具备	

值得注意的是,美国加利福尼亚州机动车辆管理局(DMV)近年来持续向社会公开发布该州全年的自动驾驶汽车路测数据。2020 年的数据显示,当年在 63 家加利福尼亚州自动驾驶汽车测试牌照持有者中,有 29 家汇报了全年路测数据,总计进行了 195.52 万英里[1]的测试。除了测试主体、测试里程、测试车辆等基本信息外,DMV 还会公布测试车辆的一些安全性指标,如人工接管次数和频率等,在

[1] 1 英里 = 1609.344 米。

一定程度上可以直观反映出测试主体的技术水平。如表 2-3 所示，DMV 公布了 2019 年部分公司的测试里程和每 1000 英里人工接管次数。

2019 年 DMV 公布的部分自动驾驶汽车路测数据 表 2-3

序号	公司	测试里程(英里)	每 1000 英里人工接管次数(次)
1	百度	10.83 万	0.055
2	Waymo	145 万	0.076
3	Cruise	83.1 万	0.082
4	安途(AutoX)	3.2 万	0.094
5	小马智行(Pony.ai)	17.48 万	0.154
6	Nuro	6.876 万	0.49
7	智加科技	1880	1.064
8	文远知行(WeRide)	5917	6.591
9	Aurora	1.34 万	10.6

在无人驾驶汽车方面，DMV 已向部分公司颁发了开放道路的无人驾驶汽车测试许可。该许可允许部分公司在不配备车辆安全员的情况下，在加利福尼亚州指定公路上进行全无人驾驶汽车测试。截至 2021 年，获得该许可的公司包括百度、Cruise、Waymo、Nuro、Zoox 和 AutoX。其中，Waymo 和 Cruise 均在 2020 年展示了不配备车辆安全员的完全无人驾驶能力。

(二)德国

在测试方面，德国自动驾驶法规定，在公共道路上运行用于测试开发阶段的自动或自主驾驶功能的机动车，需要满足四个条件：一是获得了联邦汽车运输管理局(KBA)签发的测试许可证；二是该机动车的测试已按规定获得了批准；三是该机动车只能用于测试目的；四是要在运行中持续监控该机动车。监控要求应当满足两个条件：一是由具有可靠机动车交通驾驶技能的驾驶人进行监控，二是驾驶人应当在现场进行监控，并确保进行监控的方式具有机动车交通技术发展方面的可靠性。此外，该法还明确，为确保车辆的安全运行，联邦汽车运输管理局可在测试许可证上附加辅助条款。但在特定操作区域内的附加条款上，必须征求属地州政府的意见。此外，信息技术安全方面事项的评估，还需要由联邦信息安全办公室协同参与。在实地测试方面,德国自动驾驶汽车道路测试也已经取得了一定成效。2013 年,博世、奔驰等德国企业开始在高速公路、城市道路以及乡间道路等多种道路交通情境下开展道路测试,累积测试里程。2019 年,德国批准在首都柏林市中心开展城市核心地区场景的实地测试。在国际合作方面,德国还联合法国在双方的跨境公路划分出一处自动驾驶汽车测试区域,该测试路段全长 70 千米,横跨德国西部与法国东部。

准入登记方面,德国自动驾驶法规定,经联邦参议院授权,联邦交通和数字基础设施部可以对在公共道路上使用自主驾驶功能的机动车的登记和操作的详细规则进行规定。2021 年 12 月 10 日,联邦汽车运输管理局为搭载 L3 级别自动驾驶系统"Drive Pilot"的奔驰 S 级轿车和 EV EQS 车型颁发了许可批准。这也使得奔驰成为能够在德国量产 L3 级别自动驾驶汽车的企业。

(三)日本

为了支持自动驾驶技术的发展,日本政府对自动驾驶汽车产业规范和管理进行了明确分工,内阁府秘书处统筹制定自动驾驶汽车战略规划;法务省负责统筹推动自动驾驶汽车相关各项立法;警察厅负责自动驾驶汽车交通法规制定和驾驶人管理;经济产业省负责自动驾驶汽车的技术研发工作和产业升级;总务省负责支持包括通信技术、信息技术等方面的技术研发;交通省负责车路协同及自动驾驶汽车相关基础设施建设和车辆安全相关工作。其中,日本警察厅在 2016 年发布了《自动驾驶系统的道路实证测试指南》,2017 年发布了《远程型自动驾驶汽车公共道路实证测试的道路使用许可申请处理标准》,专门用于规范道路测试相关问题。2019 年,日本修订了《道路运输车辆法》,该法成为 L3 级别自动驾驶汽车准入的法律依据。根据该法,本田 Legend 车型获得了型号批准证书,成为一款可以量产的 L3 级别自动驾驶汽车。

(四)中国

早在 20 世纪 80 年代,我国科研机构就已经开始对自动驾驶技术进行了探索。从 2013 年开始,越来越多的整车生产企业、互联网企业和其他科技企业加入自动驾驶技术研究的行列中,这也引起了国家和地方政府的高度关注。2016 年 6 月 7 日,由工业和信息化部批准的国内首个“国家智能网联汽车(上海)试点示范区”封闭测试区正式投入运营。2018 年 4 月,工业和信息化部、公安部、交通运输部三部委联合印发《智能网联汽车道路测试管理规范(试行)》,为自动驾驶道路测试提供了初步规范依据。2019 年 5 月,工业和信息化部办公厅正式批复支持无锡创建全国第一个国家级车联网先导区,标志着我国的道路测试工作开始从封闭场景走向开放道路。

2021 年 7 月,工业和信息化部、公安部、交通运输部三部委又联合印发《智能网联汽车道路测试与示范应用管理规范(试行)》,并将《智能网联汽车道路测试管理规范(试行)》废止。该规范从道路测试与示范应用主体申报条件、道路测试与示范应用驾驶人要求、道路测试与示范应用智能网联汽车条件、道路测试与示范应用申报要求及程序等几个方面对我国的自动驾驶汽车道路测试与示范应用管理体系做了综合性规定。截至 2022 年底,智能网联汽车在全国多个地方广泛开展道路测试与示范应用,累计已有 40 多个城市开放了智能网联汽车测试与示范应用区域,开放路网约 7000 千米,测试里程超过 5000 万千米。自动驾驶汽车生产企业方面,国内一批自动驾驶汽车生产企业已经实现在中美同时开展自动驾驶汽车测试,典型的有百度、新石器等企业。

三、上路通行与商业化运营

(一)美国

2021 年发布的《美国运输部自动驾驶综合计划 2021》(*Automated Vehicles Comprehensives Plan 2021*)列举了美国政府为确保自动驾驶汽车上路通行安全性而采取的多种项目,包括自愿安全自我评估(VSSA)、自动驾驶汽车安全测试透明度和参与度计划(AV TEST)、公交自动驾驶市场评估(FTA)、城市自动货运车实践等。同时,该计划指出了现阶段美国政府重点支持的五种自动驾驶汽车商用场景,分别是无人低速汽车(LSV)、有条件自动驾驶乘用车、装载自动驾驶系统的乘用车、自动驾驶载货车、低速客运班车。

美国的一些州针对自动驾驶汽车商业化制定了适用于本州的规则，如亚拉巴马州规定自动驾驶商用车必须注册并命名，并且要求最低车辆责任保险为200万美元。自动驾驶商用车的所有人或承租人（如果车辆是租赁或租赁的），被视为车辆的运营商，并负责评估其所有或承租的自动驾驶商用车是否符合包括道路规则在内的交通或机动车法律。加利福尼亚州规定在公共道路上测试或使用自动驾驶汽车，需要获得监管部门发放的牌照，而发放测试牌照的前提之一即是企业购买不低于500万美元的保险或出具相应金额的保函。在加利福尼亚州，Waymo还推出了面向公众开放的不配备安全员的完全无人驾驶Robo Taxi试运营，并获得了加利福尼亚州政府颁发的运营牌照。

（二）德国

德国在2017年通过了《道路交通法（第八修正案）》，允许高度或完全自动驾驶系统替代人类驾驶人，并给予其和人类驾驶人相同的法律地位。2021年德国自动驾驶法生效后，进一步具体规定了高级别自动驾驶汽车的运行范围和运行要求。该法第1f条着重规定了具有自主驾驶功能的机动车经营者的义务，包括三大主体十七小项，三大主体的整体义务分别是：车主应当维护机动车的道路安全和环境兼容性，并为此采取必要的预防措施；技术监督者应当进行符合法律规范要求的技术监督；机动车生产企业应当履行提交证明、风险评估、提供系统说明、提供操作培训等义务。2022年通过的《自动驾驶汽车准入和运营条例》对上述运营管理流程做了细化规定和进一步落实。2021年底，奔驰通过了德国联邦汽车运输管理局的审批，成为全球第一家可在德国合法使用L3级别自动驾驶系统的厂商。此后，奔驰启动国际化推广进程，并于2023年1月获得美国监管部门的批准，允许其在加利福尼亚州和内华达州部署L3级别自动驾驶系统。

（三）日本

日本政府在推动自动驾驶技术进行成果转化和商业化落地方面展开了密集的规范制定活动。2018年4月，日本高度信息通信网络社会推进战略本部发布了《日本自动驾驶相关法规修改大纲（2018）》，提出了私家车、物流服务、客运服务三大应用场景，并对不同应用场景提出了各自的发展目标。

2020 年 7 月，日本高度信息通信网络社会推进战略本部又发布了《日本 ITS 与自动驾驶构想和路线图 2020》，在 1.3“商业化的努力”章节，对私家车、物流服务、客运服务三大应用场景实现发展目标需要符合的具体条件做了细化规定。如对于满足“私家车—高速公路自动驾驶（L3）”，2020 年自动驾驶目标提出三个具体条件，分别是：在自己的车道上开始自动驾驶；一定速度下的车道保持、车距调整、车速调整；在自己的车道上结束自动驾驶。

（四）中国

上道路通行方面，目前正在征求意见的《中华人民共和国道路交通安全法（修订建议稿）》拟采取区分规定的立法模式，一是原则性规定具有自动驾驶功能的汽车开展道路测试或者上道路通行时，应当按规定实时记录行驶数据；开启自动驾驶功能时，除国务院有关部门另有规定外，驾驶人应当处于车辆驾驶座位上，监控车辆运行状态及周围环境，当发现车辆处于不适合自动驾驶的状态或者系统提示需要人工操作时，及时接管车辆并采取相应措施。二是具备高度自动驾驶功能或完全自动驾驶功能的汽车上道路通行的其他要求，由国务院有关部门另行规定。2022 年公布的《关于开展智能网联汽车准入和上路通行试点工作的通知（征求意见稿）》，拟在部门规范性文件的层面专章规定智能网联汽车上路通行试点要求。主要内容包括试点通行基本原则、保险、申报条件、软硬件变更、试点区域的确定、车内安全员的资质条件与义务、运行安全监测平台的建设要求、违法及事故处理等内容。

商业化方面，国务院先后出台《中国制造 2025》《汽车产业中长期发展规划》等文件，明确自动驾驶汽车技术发展路线，推进自动驾驶汽车应用示范；2022 年，中共中央、国务院印发《扩大内需战略规划纲要（2022—2035 年）》，将大力发展智慧交通和推进汽车智能化作为全面促进消费、加快消费提质升级的重要举措。

四、事故处理与法律责任

（一）美国

NHTSA 在 2021 年发布的第 1 号指令《关于自动驾驶系统和 L2 级别高级辅助

驾驶系统的事故报告》中，要求配备 SAE International 标准定义下的 L2 级别高级辅助驾驶和 L3 ~ L5 级别自动驾驶的整车生产企业以及汽车软件提供商和测试运营商及时向 NHTSA 提交所有在美国公共道路上发生的碰撞交通事故报告。

值得注意的是，美国时间 2018 年 3 月 18 日 22 时左右，优步（Uber）的一辆自动驾驶汽车（该车为一辆符合要求加装自动驾驶系统的 2017 款 Volvo XC90 轿车，该车型在出厂时安装有 ADAS）在亚利桑那州 Tempe 市发生交通事故，与一名推车横穿道路的行人相撞，被撞行人死亡。事发时，有一名车辆安全员坐在驾驶位，车辆当时处于自动驾驶模式，由南向北行驶，行人正在由西向东横穿道路。该事故为全球首例自动驾驶汽车致人死亡事故。因此，美国也是全球首个针对自动驾驶汽车致人死亡事件展开正式事故调查的国家。

事故发生后，美国国家运输安全委员会（NTSB）派出专案小组调查该起事故。经过长达 19 个月的调查，2019 年 11 月，调查报告发布。根据该调查报告，与事故结果存在因果关系的原因详见表 2-4。

美国 2018 年 Uber 自动驾驶汽车事故责任分析表 表 2-4

责任主体	责任原因	责任具体内容
自动驾驶系统设计方（Uber）	自动驾驶系统识别与决策问题	Uber 自动驾驶系统在此次事故中无法正确分类和预测行人的运动轨迹。自动驾驶系统的设计缺少安全冗余，增加了在公共道路上测试自动驾驶系统的安全风险
自动驾驶系统设计方（Uber）与整车生产企业（Volvo）	Volvo 自带的辅助驾驶系统与 Uber 自动驾驶系统的交互问题	由于 Volvo 的 ADAS 与 Uber 的自动驾驶系统存在冲突，两者不能同时开启，涉案车辆被设计成：人工驾驶状态下，Volvo 的 ADAS 功能开启；自动驾驶状态下，Volvo 的 ADAS 功能关闭。事发时，Volvo 的 ADAS 功能关闭，无法起到提醒和缓冲碰撞的作用
运营使用主体（Uber）	公司安全管理和安全制度	调查发现，Uber 自动驾驶团队并未设专门的安全部门，也没有专门的安全负责人评估在公共道路上测试自动驾驶汽车的风险，技术团队管理者被赋予了安全负责人的职责。同时，Uber 自动驾驶团队没有形成一份正式的涉及安全评估和职责分工的程序文件

续上表

责任主体	责任原因	责任具体内容
车辆安全员	关注义务	车辆安全员的个人手机在整个事故过程中持续播放电视节目，认定车辆安全员过分信任自动驾驶功能，注意力长时间转移，导致未能及时发现行人以避免碰撞
受害者(行人)	违反交通规则，实施风险行为	行人在没有人行横道的地方横穿道路，违反了亚利桑那州的法律，这可能是由于吸毒导致的认知和判断能力下降
政府管理部门	评估与监管义务	亚利桑那州在事故发生时缺乏一个以安全为重点的自动驾驶系统(ADS)测试申请审批流程，而且自事故发生以来在开发这一流程方面的不作为，表明该州在增强ADS测试的安全性和保护公众安全方面存在缺陷。 目前缺乏针对自动驾驶系统的联邦安全标准和评估规范，NHTSA的安全自我评估程序不足，部分州政府没有或只有最低限度的安全评估程序

最终调查结论是：车辆安全员在测试过程中看手机，无法监控驾驶环境和自动驾驶系统的运行情况是导致事故发生的主要原因；Uber公司安全文化意识不强为次要原因；行人横穿道路和亚利桑那州运输管理部门监管不力为潜在原因。

2020年9月16日，本案的车辆安全员被美国亚利桑那州马里科帕县检察方指控过失杀人罪并提起公诉，但Uber公司在这起事件中并未受到刑事指控。庭审过程中，车辆安全员未认罪。2021年5月12日，被告车辆安全员辩护团队向法院提交了“自动驾驶技术”相关的辩护材料，针对涉事车辆安全员的审判第二次推迟。截至2023年1月，本案仍未审结。

(二)德国

德国自动驾驶法对自动驾驶汽车技术设备规定了十项明确标准，其中有多项标准涉及自动驾驶汽车的事故预防能力以及在面对可能发生交通违法行为或事故时的处理原则。上述标准的具体内容见表2-5。

德国自动驾驶法技术设备安全要求表 表2-5

技术设备标准	具体要求
独立运行能力	在各自特定操作区域内自主执行驾驶任务，而无须车辆驾驶人干预控制系统，也不需要技术监督人员（指安全员）对机动车的驾驶进行持续监控
遵守交通法规及事故预防能力	①系统设计旨在避免和减少伤害。 ②在对不同的法律利益造成不可避免的替代性损害的情况下，考虑法律利益的重要性，以保护人的生命为首要任务。 ③在对人类生命有不可避免的替代风险的情况下，不可基于个人特征规定进一步的衡量标准
紧急状态应对	如遇只有通过违反《道路交通法》才能继续行驶的情形，则机动车自动进入最小风险状态
系统极限应对	识别其系统极限，并在达到系统极限、特定操作区域极限，或发生影响自主驾驶功能的技术故障时，自动进入最小风险状态，点亮危险报警闪光灯，并在尽可能安全的地方停车
故障报告	出现功能受损情况时，立即向技术监督人员报告
提示接管	①在最小风险状态下，能够独立向技术监督人员提供建议，以便采取可能的机动措施继续行驶。 ②在最小风险状态下，提供数据以评估情况，以便技术监督人员能够决定是否批准拟议的机动动作。 ③以视觉、听觉或其他可感知的方式向技术监督人员显示激活备选驾驶操作的要求、以足够的时间进行停用的要求以及关于自身功能状态的信号
随时接管	由技术监督人员随时停用，在停用的情况下，使机动车自动进入最小风险状态
拒绝接管	检查技术监督人员的驾驶操作，如果该驾驶操作会危及参与或未参与交通的人员，则不执行该操作，而是机动车自动进入最小风险状态
确保通信安全	确保无线电连接足够安全，特别是在技术监督方面，并在无线电连接中断或者未经授权访问时，机动车自动进入最小风险状态

此外，该法还通过对《强制保险法》的修改，明确具有自主驾驶功能的机动车车主有义务按规定为技术监督人员投保并维持责任保险。

（三）英国

英国在自动驾驶汽车保险责任方面的规定非常具有特色，这与英国作为传统海洋法系国家具有深厚的保险法立法经验及法治实践基础是分不开的。英国

AEV 法案分为自动驾驶汽车、电动汽车和其他规定三部分。针对自动驾驶汽车的保险和责任规制，主要体现在第一部分，其将车辆强制保险范围扩大至自动驾驶汽车。自动驾驶汽车在“自动驾驶”状态下，即自动驾驶汽车在没有人类控制（Control）、也不需要人类监控（Monitor）的模式下运行。若发生事故，AEV 法案规定保险人或车辆保有人应当承担首要责任（Initial liability），并规定了相关的责任豁免。英国此次出台 AEV 法案，明确了自动驾驶汽车造成事故的责任承担，包括保险责任的承担。责任与保险制度涉及由技术发展所带来的风险和损失的分配。

此外，英国还建立了“单一承保模型”（A single insurer model），使得汽车保险同时涵盖人类驾驶人驾驶汽车的行为和自动驾驶技术本身。根据“单一承保模型”，在自动驾驶事故中的受害方（包括合法地将车辆控制权交给自动驾驶系统的驾驶人）可以直接向保险公司索赔，而保险公司则可以依据产品责任法或其他现行法向直接责任人进行追偿。

（四）中国

我国自动驾驶汽车交通违法和事故处理方面的整体规范的逻辑，是在尊重自动驾驶汽车客观技术特征和技术发展阶段的前提下，综合考虑保护人民生命财产安全、保障交通安全、促进产业发展等价值选择，科学探索、确立自动驾驶汽车交通违法与事故处理规则体系，并使之尽量与现有交通违法和事故处理规则保持和谐。

有鉴于此，立法层面对自动驾驶汽车交通违法和事故处理采取了较为审慎的态度。目前正在征求意见的《中华人民共和国道路交通安全法（修订建议稿）》仅在草案中原则性地规定：“发生道路交通安全违法行为或者交通事故的，应当依法确定驾驶人、自动驾驶系统开发单位的责任，并依照有关法律、法规确定损害赔偿责任。构成犯罪的，依法追究刑事责任。”

2022 年发布的《关于开展智能网联汽车准入和上路通行试点工作的通知（征求意见稿）》的规定已经具有了相当程度的可执行性，并且能够从中观察到目前我国探索自动驾驶汽车道路交通安全管理的基本思路。首先是对于交通违法行为，该通知明确，对于在试点准入与上路通行期间发生的自动驾驶交通违法行为，首先要明确交通违法行为发生的原因，对于因车内安全员原因导致的，参照现行道路交通安全法律规范对车内安全员进行处理，因自动驾驶系统原因导致的，则按规定对相关主体进行处理。对于实施交通行为达到一定次数或者一定程度，经确认存在安全隐患的，试点汽车生产企业和试点使用主体需暂停使用同一型号、同一版本的自动驾驶系统。暂停后，试点汽车生产企业应当进行整改，并向工业和信息化部、公安部提交整改报告。经评估确认隐患已消除的，方可重新使用。试点车辆自动驾驶系统存在设计、制造等问题，试点汽车生产企业拒不整改或整改后仍未解决问题的，应当退出试点。

该通知还明确，对于自动驾驶汽车交通事故，在试点准入与上路通行期间发生交通事故达到一定次数、一定程度，经确认存在安全隐患的，试点汽车生产企业和试点使用主体需暂停使用同一型号、同一版本的自动驾驶系统。未按规定提供相关事故过程信息或者事故分析报告的，应当中止试点使用主体试点资格。因自动驾驶系统原因导致死亡 1 人或者重伤 3 人以上具有同等以上责任的交通事故的，应当退出试点。

第三章　美国自动驾驶汽车法律规范体系

随着自动驾驶技术的不断发展，中国、美国、日本、德国等多个国家都在积极推动自动驾驶技术的商业化落地应用，从政策、法律法规、指南规划等方面尽力扫除障碍。本章主要介绍美国自动驾驶法律规范体系的相关内容。

自2012年以来，至少有41个州和华盛顿哥伦比亚特区已经开始了自动驾驶汽车相关的立法，各州颁布的与自动驾驶相关的法案数量在2016—2018年间急剧增多。根据美国全国州议会联合会（NCSL）的数据，截至2023年1月，美国共有42个州通过了共计129部与自动驾驶相关的法案和行政命令。

一、联邦自动驾驶相关法案的制度建设

为了满足美国自动驾驶汽车法律法规修订的需求，2016年9月20日，美国运输部颁布了《联邦自动驾驶汽车政策指南》（*Federal Automated Vehicles Policy*），首次将自动驾驶汽车安全监管纳入联邦法律框架。2017年9月6日，美国众议院通过的《自动驾驶法案》（*SELF DRIVE Act*），首次对自动驾驶汽车的生产、测试和发布进行了规定。同年9月28日，参议院商务委员会主席John Thune及参议员Gary Peters、Roy Blunt和Debbie Stabenow提出了有关自动驾驶汽车的立法计划——《美国通过革命性技术提高安全运输的愿景法案》（*AV Start Act*，简称《愿景法案》）。同年10月4日，商务委员会开始审议该法案。《愿景法案》与《自动驾驶法案》在内容上较为相似，都在监管政策上对不同的部门职责进行了规定。这

两部法案的提出使得美国在联邦层面上形成了一个关于自动驾驶汽车的统一的专门法律规定,为自动驾驶汽车的技术研发、安全测试、上路通行、数据安全、隐私保护等内容提供有效的法律支持,也为监管部门的行业判断提供标准和依据。它们都要求生产企业对自动驾驶汽车进行严格的安全测试和评估,并通过安全评估明确自动驾驶汽车的安全标准豁免政策。上述两个法案旨在对影响自动驾驶汽车的联邦法律进行几项修改,包括三个主要部分:扩大联邦优先权;《联邦机动车安全标准》(*Federal Motor Vehicle Safety Standards*,FMVSS)的更新;《联邦机动车安全标准》和联邦自动驾驶汽车咨询委员会的豁免。

《自动驾驶法案》奠定了联邦自动驾驶汽车监管的基本框架,该法案涵盖自动驾驶汽车的众多方面,包括自动驾驶汽车的定义、自动驾驶汽车的基础设施保障、许可和登记、上路和测试、汽车操作人员要求、汽车检验要求、保险和责任分配、个人隐私保障、汽车网络安全和商业化方案十个方面的内容。同时,美国运输部也通过推行《联邦自动驾驶汽车政策指南》《自动驾驶汽车准则(1.0~4.0)》《自动驾驶汽车综合计划》(*Automated Vehicles Comprehensive Plan*)、《无人驾驶乘员保护安全标准》(*Occupant Protection Safety Standards for Vehicles Without Driving Controls*)等一系列政策,细化自动驾驶法律法规中的规定,推动生产企业、消费者、驾驶人、保险商等多方主体参与到自动驾驶汽车的发展中来。

(一)法案的调整对象

《自动驾驶法案》的调整对象为高度自动驾驶汽车(HAV)、具备自动驾驶操作系统的汽车以及自动驾驶系统(ADS)。法案将"高度自动驾驶汽车"定义为"具备自动驾驶系统的机动车,商业用车除外",将"自动驾驶系统"定义为"由硬件和软件共同组成能够持续性地实现多样化的驾驶任务的系统,无论该系统是否被限制在某个具体的运行设计域内"。由此可见,该法案的调整范围在普通机动车的基础上加入了自动驾驶系统的因素。根据自动驾驶系统介入程度的不同,对应着自动驾驶系统本身、具备自动驾驶操作系统的汽车和高度自动驾驶汽车三大类调整对象,但法案对这三大类调整对象的规制并未进行区分,在各种情形下的规制都统一适用于这三类主体。

同时,将自动驾驶系统纳入受调整的主体范围内,就意味着开启了法理上算法系统和人在安全方面的伦理性价值的平衡与取舍。当前世界各国在科技发展给社会带来风险问题上的取舍都无一例外地倾向于优先考量人本身的安全和发展,这正如康德所述“人是目的而不是手段”,自动驾驶技术的相关立法需要更多地从安全角度进行考量,才能更好地保障驾驶人、乘客和其他道路交通安全参与者的合法权益。面对“安全”和“效率”之间立法考量的选择,《自动驾驶法案》是在关注自动驾驶汽车对生命安全等社会安全事项保障的前提下,鼓励对自动驾驶汽车的部署和研究,促进自动驾驶汽车的发展。由此,《自动驾驶法案》中特别增加了自动驾驶系统的配置、研究及衍生性风险的管控,因而自动驾驶系统衍生出的算法安全、数据安全和消费者安全保护等内容都成了该法案的关注对象,后续仍然将会针对自动驾驶系统本身的安全性出台更多的法律法规、行政命令、非强制性标准和指引指南等规范性文件。正如联邦立法的进度一般,在经历了自动驾驶技术大爆发之后,安全风险的内容也进入了联邦立法的视野。

此外,《自动驾驶法案》和《愿景法案》在主体的定义上稍有不同。《自动驾驶法案》将自动驾驶汽车和自动驾驶系统作为调整对象和规制主体,《愿景法案》则定义了两种形式的自动驾驶汽车,一种是面向传统驾驶位有人类驾驶人的自动驾驶汽车,另一种是面向通过远程控制操作的自动驾驶汽车。《愿景法案》明确提出人类驾驶人的存在并非必须,且不得以身体残疾为由剥夺残疾人使用自动驾驶汽车的权利。该规定为未来的汽车行业预留了变革的方向和空间,将有可能允许改变汽车的设计方式,如没有转向盘、无制动踏板以及没有驾驶位等。

(二)法案对监管主体提出的新要求

《自动驾驶法案》和《愿景法案》对监管主体做了特殊的要求,不仅要求其履行一定的提醒义务,也要求建立新的委员会等机构,对自动驾驶技术的安全性进行监管。《自动驾驶法案》对美国运输部提出了三项监管要求:首先是必须让高度自动驾驶汽车(HAV)的消费者了解此类车辆的功能和限制,并明确运输部应制定规则要求汽车生产企业告知消费者此类车辆的限制和功能;其次是建立高度自动驾驶汽车咨询委员会,为残疾人、老年人等群体提供有关机动车准入的指导;最后是要求研究新的机动车前照灯安全标准。从法案的三项监管要求看,《自动驾驶法案》较为关注自动驾驶汽车安全和配套服务的落地。

《愿景法案》中同样也对运输部提出了类似的要求:一是要求建立一个关于高度自动驾驶汽车(HAV)和自动驾驶系统(ADS)安全的技术委员会,制定相关的标准、政策和法律,明确自动驾驶技术价值衡量的优先选择次序,并给出技术性的建议,对自动驾驶系统、自动驾驶汽车转向和制动、车祸数据、车辆与道路设施的通信和对弱势交通群体的影响等多方面进行研究,确保新的法案下自动驾驶汽车上路的安全性;二是要求建立一个关于自动驾驶系统教育的工作组,加强对消费者权益的保护,重点关注弱势交通群体的问题;三是要求国家公路交通安全管理局(NHTSA)和运输部的沃尔普国家运输系统中心(Volpe National Transportation Systems Center,VNTSC)完成对高度自动驾驶汽车的安全和技术前沿问题的研究,同时要求国家公路交通安全管理局(NHTSA)建立一个可公开访问的数据库,主要对机动车运行过程中收集的个人信息、各州及联邦的隐私政策和隐私保护措施进行数据对比量化研究,供社会公众查阅使用。

此外,《愿景法案》中也对商务部门提出了构建新机构和推广自动驾驶汽车的要求:一是建立高度自动驾驶汽车的数据访问咨询委员会,对高度自动驾驶汽车、自动驾驶系统的数据收集、生成、记录、存储等问题进行讨论,并给予新政策制定的推荐建议;二是推动发展网络安全教育,帮助消费者最大限度地减少潜在的机动车网络安全风险;三是研究高度自动驾驶汽车在交通基础设施建设、流动性、环境和燃料消耗等方面的影响;四是研究鼓励美国国内相关企业制造自动驾驶设备的政策;五是对儿童安全乘坐的规则进行最终明确,提醒机动车驾驶人在汽车熄火后主动关注后排指定座位。

(三)联邦法律法规的优先权

《自动驾驶法案》和《愿景法案》对原《美国法典》第 49 章 30103 中关于汽车优先权的内容进行了修订,以明确 NHTSA 在自动驾驶汽车法律法规方面的权威性。《自动驾驶法案》新增了关于高度自动驾驶汽车(HAV)优先权的内容,规定了在高度自动驾驶汽车和自动驾驶系统设计、生产制造和性能要求等方面,各州或州一级政府部门不得制定任何与联邦政府的法律法规标准相悖的法律、法规和标准，即只有联邦政府可以对自动驾驶汽车和自动驾驶系统的设计、生产制造和性能要求等方面进行统一规定。《愿景法案》同样也对优先权进行了规定。在法案第三部分“同其他法律的关系”内容中，首先对联邦车辆优先权进行了补充规定，同样规定了设计、生产制造和性能评估方面联邦法律的优先权。可见，两个法案都直接禁止州政府对上述三个领域进行规定，明确了只有联邦政府可以对此进行规定，因而该优先权应当被认定为联邦政府在全美范围内的独占权限或者垄断权力。

为了确保法案出台前后相关标准的顺畅衔接，《自动驾驶法案》也对标准的生效和认定问题做了规定。由该法案统一规定的机动车安全标准生效后，各州（或与州有同等法律地位的政府）可以继续适用各州此前已经生效的机动车安全的标准，但是各州标准与法案标准不一致的，以法案标准为准。由此可见，《自动驾驶法案》虽然试图对相关安全标准进行统一，但也未剥夺各州相关领域标准的制定权限，而是要求做到内容上的一致性，这也是联邦优先权的集中体现。

《自动驾驶法案》也规定了同其他法律的关系问题，明确限制了两个自动驾驶法案中优先权的作用范围。《自动驾驶法案》和《愿景法案》都规定，在一般情况下，各州可以实施有关经销商、生产企业或分销商销售、分销、维修或服务高度自动驾驶汽车、自动驾驶系统及其部件的法律法规。《自动驾驶法案》同时还明确，不得将本法案解释为禁止各州制定和实施关于注册、许可、驾驶培训、保险、执法、事故调查、安全检查、排放检查、道路拥堵管理等方面的法律规定，除非上述方面的法律规定会对高度自动驾驶汽车、自动驾驶系统或自动驾驶系统部件的设计、生产制造或性能产生不合理的限制。另外，《自动驾驶法案》也规定了不能被解释为限制某州或允许某州优先适用任何其他联邦法律，用以保证联邦法律在适用上的一致性、平等性。

优先权方面的问题关系到联邦法律的统一性。统一的联邦法律能够帮助更多的汽车在州与州之间穿梭，而不是某州生产的汽车仅能在一州行驶。各州有关这些汽车的设计、生产制造或性能的地方法律会产生阻止汽车跨越州界、使用州际公路等问题。同时,因为落地上路缺乏地方统一性,更会阻碍美国对未来汽车技术的投资,包括对高度自动驾驶相关的基础设施投资。例如,北卡罗来纳州有一项法律,要求将转向盘、制动踏板和其他用于操作汽车的设备收起来,以便在汽车处于自动驾驶模式时,乘用人无法进行控制。然而根据纽约州的法律,在所有的汽车中,驾驶人必须始终保持一只手放在转向盘上。这就导致了一辆为遵守北卡罗来纳州法律而设计的汽车不能同时遵守纽约州的法律,这与联邦政府所推行的政策意图相悖。

(四)对弱势交通群体的关注

《自动驾驶法案》和《愿景法案》对弱势交通群体的关注主要体现在儿童座椅安全保护和残疾人驾驶的权利保障上。

关于儿童座椅安全保护,《自动驾驶法案》规定运输部长应在两年内颁布法规,要求所有总质量低于1万磅(约4536千克)的新乘用车必须配备后座乘员警报系统,用以提醒驾驶人在车辆电机或发动机停止后检查后方指定座位情况。法案中特别对"后方指定座位"做了一番解释,即前排座位后的任何指定座位。该警报系统主要是用来保护后排的儿童,以防驾驶人离开汽车时将儿童遗忘在车内。根据美国"儿童与车(kidsandcars.org)"安全网站的评估,美国每年平均有37个孩子被锁车内身亡。在炎热的夏季,短时间的升温足以让儿童受到致命伤害。同时,自动驾驶汽车中较为常见的是电动汽车。当前材质的蓄电池更容易在温度较高时发热燃烧,从而引发爆炸。为了防止这种情况发生,美国国会特意在《自动驾驶法案》中对《美国法典》第49章第6节第301章的部分进行修正,新增了"30131后座乘员警报系统"部分。本部分法案的修正并未特地将适用范围限定为高度自动驾驶汽车,该项内容的增加适用于所有总质量低于1万磅的机动车。

关于残疾人驾驶的权利保障,《愿景法案》规定不得在发放自动驾驶汽车驾驶许可证时歧视残疾人士。该法案以安全保护原则为出发点,根据《美国残疾人法》规定加入反歧视的条款,符合法案中与其他法律关系的一致性原则。

（五）机动车标准豁免

自动驾驶汽车的豁免权主要体现在《美国法典》第49章30113通用豁免权一节关于方便汽车开发的内容中，《自动驾驶法案》则增加了对自动驾驶汽车豁免权标准的规定。《自动驾驶法案》在原有关于豁免启动条款的基础上增加了更好开发自动驾驶汽车安全技术的内容，且并未在原条文第49章30113（b）（3）（B）（ii）"方便新的至少等同于该标准的机动车安全技术开发"的条文框架下进行规定，而是另外新增了自动驾驶汽车的内容。豁免是为了方便开发自动驾驶汽车安全技术，并且该安全等级至少要等同于要求豁免的标准，或者至少该自动驾驶汽车的整体安全水平要与非豁免车辆的整体安全水平一致。该豁免启动条款明确，自动驾驶汽车技术开发企业和生产企业首先在保证与现行标准实质达到的安全性能相一致或与现行非豁免车辆整体安全水平一致的情况下，美国政府才允许进行后续的开发、测试和上路。换言之，如果自动驾驶汽车能够保证相关安全性能落实到位，即使生产企业无法达到现行汽车出厂、上路标准等各项要求，美国政府也允许该自动驾驶汽车的后续技术开发和上路。《自动驾驶法案》改进了豁免程序，使NHTSA能够在各单位开发和证明其系统的安全性时更多地了解该项技术，并有助于推动监管机构审查和更新现有的安全法规。由自动驾驶汽车豁免启动条款可知，符合条件的单位需要提供两类材料：一是证明该机动车是高度自动驾驶汽车的开发、测试和其他必要数据；二是需要提交对测试数据的分析结果，分析对象包括道路数据、测试数据等，用以确认该自动驾驶汽车符合安全性特征、符合豁免标准的实质水平或者整体安全性至少符合非豁免汽车的水平。

除豁免启动条款相关内容外，还有豁免资格的问题。关于自动驾驶汽车豁免资格的内容，主要体现在《美国法典》第49章30113（d）条款，其中对豁免资格内容的确定更是涉及30113（b）（3）（B）的数个条款。对于该资格内容的适用情况，有两种理解方式：一是高度自动驾驶汽车只适用于法案新增的（b）（3）（B）（v）条款；二是高度自动驾驶汽车不仅适用于（b）（3）（B）（v）条款，满足条件仍可适用于（b）（3）（B）的其他条款，比如（i）遵守标准会带来实质性经济困难，或者（ii）获得豁免会使得不损害安全性能的新机动车安全性能的开发变得更容易，或者

(iii)获得豁免会使得不损害安全性能的低排放机动车的开发变得更加容易,或者(iv)遵守标准会导致销售整体安全水平低于非豁免机动车的机动车。《自动驾驶法案》并未对自动驾驶汽车的内容做专门规定。为了有效介绍豁免资格的内容,下面将对《自动驾驶法案》新增的豁免资格内容进行陈述。

第一是对(b)(3)(B)(i)条款的豁免资格,只有监管机构确定生产企业任何12个月内机动车的总产量不超过1万辆时,生产企业才有资格获得豁免权;第二是对(b)(3)(B)(ii)、(iv)、(v)三个条款的豁免资格,只有监管机构确定生产企业任何12个月内在美国销售、租赁或以其他方式商业化的汽车数量不超过10万辆时,生产企业才有资格获得豁免权;第三是对(b)(3)(B)(iii)条款的豁免资格,只有监管机构确定生产企业在任何12个月内在美国销售的汽车数量不超过2500辆时,生产企业才有资格获得豁免权;第四是对豁免车辆的整体数量限制,《自动驾驶法案》规定,根据(b)(3)(B)(i)~(v)条款给予生产企业的所有豁免车辆数量不得超过一定总数:第一个12个月内生产的汽车数量不得超过2.5万辆,第二个12个月内生产的汽车数量不得超过5万辆,第三个12个月内生产的汽车数量不得超过10万辆,第四个12个月内生产的汽车数量不得超过10万辆,且在任何12个月内生产的汽车总数不得超过10万辆。

《自动驾驶法案》也对豁免的限制进行了规定。在根据法案相关条款发布安全评估认证规则和安全优先计划后一年内,监管机构不得根据(b)(3)(B)(v)条款授予机动车安全标准的防撞性豁免。同时,不适用豁免限制的情况也在法案中予以明确:如果该豁免的对象是不搭载乘客的机动车,那么该豁免限制条款就不适用于乘员保护标准的豁免。如果寻求的豁免是针对转向控制系统的标准,而主要适用车辆不具备转向控制系统,且为前排左座的乘员提供了等同于非豁免车辆的安全冲击保护,同时该车的安全水平至少与申请豁免的标准相同,那么该豁免限制条款就不适用于防撞标准的豁免。另外,法案还要求根据第(b)(3)(B)(ii)、(iv)或(v)条款获得豁免的汽车生产企业,应当根据《美国法典》第49章第570部分,提供一份安全评估报告,报告应涵盖其掌握的涉及这些豁免车辆的所有碰撞信息。

《愿景法案》并未在豁免启动条款中新增专属于自动驾驶汽车的内容，而是将自动驾驶汽车纳入(b)(3)(B)(ii)“新的机动车安全技术特征”的定义中，明确该特征包括任何能够实现高度自动驾驶汽车或自动驾驶系统的特征，且无论另一个“特征”是否已经给予豁免，满足上述自动驾驶相关的特征即可适用相关豁免条款。与《自动驾驶法案》相比，《愿景法案》对豁免资格的规定较为简单。《愿景法案》规定，自动驾驶汽车生产企业可以适用(b)(3)(B)(ii)、(iii)、(iv)项规定的豁免，但是必须满足几个条件：一是该类汽车应为高度自动驾驶汽车；二是要求在本法案颁布之日起 12 个月内，在美国销售的汽车总数不超过 1.5 万辆，在前述期间之后 12 个月内，在美国销售的汽车总数不超过 4 万辆，在法案颁布 24 个月之后的任何 12 个月内，在美国销售的汽车总数不超过 8 万辆。《愿景法案》对自动驾驶汽车豁免范围的扩大有特殊的规定，当豁免实施 4 年后任何 12 个月内汽车生产销售超过 8 万辆时可以申请扩大豁免范围。针对豁免时间，《愿景法案》对高度自动驾驶汽车也有特殊优惠的规定。根据《美国法典》第 49 章 30113(e)的内容，适用(b)(3)(B)(ii)、(iii)、(iv)的高度自动驾驶汽车的豁免，可以不适用关于豁免和续期时间最长不超过两年的规定。

豁免方面，《自动驾驶法案》较《愿景法案》更为详细，在不同的环节加入了更多新的内容。特别是就豁免条款的设计来说，《自动驾驶法案》在法理上更为完备，包括豁免启动条款、豁免资格条款、豁免限制条款、豁免限制的例外条款、豁免时间条款和豁免程序等内容。《愿景法案》则主要是对现行内容稍加修补，将自动驾驶汽车的豁免纳入现有的豁免条款中进行管理。

(六)自动驾驶汽车上路测试

原《美国法典》第 49 章 30112(b)是关于禁止生产、销售、进口不符合安全标准的汽车和相关设备条款的例外条款，其中第(10)项主要对测试评估机动车作为禁止条款的例外情况进行了说明。《自动驾驶法案》在此基础上增加了自动驾驶汽车上路测试的内容。首先，上路测试的基本条款是要求汽车生产企业承诺在州际贸易活动中引入机动车是为了测试和评估，且测试结束后不得以任何方式销售该机动车；其次，高度自动驾驶汽车、自动驾驶系统和自动驾驶系统部件的生产企业同意在测试后不以任何方式出售或出租高度自动驾驶汽车、自动驾驶系统和自动驾驶系统部件，并且需要向监管部门提交测试机构名称、地址、机构注册地，以及测试车辆、系统和部件的相关描述、保险证明等材料。另外，测试基础条款还要求被测试机动车或设备是合法生产、进口并经过标准认证的，且已经根据《美国法典》第 49 章第 566 部分向监管部门提交相关生产企业信息。《自动驾驶法案》删除了《美国法典》第 49 章 30112(b)第(10)项关于获得标准认证、及时提交信息的时间要求，扩大了机动车测试的时间范围，将机动车进入美国取得合法许可的时间限制取消，使得新的高度自动驾驶汽车得以在联邦统一的法律框架下合法上路测试。

《愿景法案》与《自动驾驶法案》不同，《自动驾驶法案》将高度自动驾驶汽车的测试纳入原机动车测试的整体框架中，要求上路测试的内容既应符合原机动车测试的要求，也应符合新的高度自动驾驶汽车测试条款的要求。而《愿景法案》则在《美国法典》第 49 章 30112(b)第(10)项内容中排除了高度自动驾驶汽车的内容，另外增加了第(11)项高度自动驾驶汽车的内容。按照《愿景法案》的规定，自动驾驶汽车州际商业活动仅限于测试、评估或对高度自动驾驶汽车或自动驾驶系统进行展示，并且列举了相关要求：一是要求该自动驾驶汽车的测试、评估和演示仅可由汽车、系统或零部件生产企业的代理、员工或车辆管理承包商进行；二是相关生产企业承诺测试、评估或演示结束后不以任何方式出售或租赁车辆和系统；三是测试评估之前应已经根据《美国法典》第 49 章第 566 部分的要求提交相关信息。其新增内容与《自动驾驶法案》基本一致，但是加强了对测试、评估主体的要求。

(七)《自动驾驶法案》的政策配套

在两项自动驾驶法案出台的同时，相关配套政策也逐步完善。2016 年 1 月，美国运输部长安东尼·福克斯(Anthony Fox)更新了 NHTSA 在 2013 年时关于自动驾驶汽车的初步政策声明，新的声明承诺在未来 10 年内投入近 40 亿美元，以加速自动驾驶技术的研发与应用。新政策旨在促进、鼓励、开发和部署以保障生命安全为核心的自动驾驶技术。此外，NHTSA 还向行业提出了关于建立全自动驾驶汽车安全操作原则的指导意见,即《自动驾驶系统(ADS)指南》。

美国运输部及下属 NHTSA 在《自动驾驶法案》和《愿景法案》出台后的几年内颁布了多项用于指导自动驾驶汽车发展的政策,相继出台了几个版本的《自动驾驶汽车准则》,对保护用户和社区团体的安全和隐私、促进自动驾驶技术创新和高效市场形成、确保联邦间一致的标准和政策三个方面的内容做了一系列的规定。

由于两项自动驾驶法案主要关注安全保障方面的自动驾驶技术的落地适用,因而在此对 AV2.0 进行介绍。NHTSA 于 2017 年 9 月 12 日发布的 AV2.0 是联邦层面向行业和各州提供的自动驾驶系统技术指南。该指南建立在 NHTSA2016 年指南的基础上,主要分为"行业对指南的自愿附随"和"对各州的技术要求"两个部分。该准则关注的重点是自动驾驶的国际水平及美国自动驾驶技术的国际竞争力,并明确自动驾驶相关管理部门需要及时修改安全评估的术语和内容,使联邦指南与自动驾驶行业最新发展保持一致。该指南还明确了联邦和州政府在行业发展中的监管职能,规定自动驾驶相关管理部门可以在自动驾驶汽车未通过实际道路测试的情况下允许其加装自动驾驶系统。该指南强化了自愿性,没有附带合规要求或执行机制。同时,该指南还对联邦和州的立法机关和行政机关在自动驾驶方面的立法、管理分工提出意见,成为各州开展自动驾驶立法的重要参考。

(八)《无人驾驶乘员保护安全标准》的突破性规定

2022 年 3 月 10 日,NHTSA 发布了《无人驾驶乘员保护安全标准》的最终规则版本(简称《乘员保护安全标准》)。《乘员保护安全标准》为首个针对无人驾驶汽车的乘客安全技术规定,是对现行的以传统机动车为规制对象的《联邦机动车安全标准》(FMVSS)的修订和补充。《乘员保护安全标准》强调自动驾驶汽车必须提供与人类驾驶传统汽车同等水平的乘员保护,明确完全自动驾驶汽车可不再需要配备传统的转向盘、制动或加速踏板等人工控制装置。

首先,《乘员保护安全标准》针对自动驾驶汽车的特殊性,对《联邦机动车安全标准》中有关传统汽车的装置术语及其定义进行了修订,扩大《联邦机动车安全标准》的适用范围。例如：

(1)将“转向盘”(Steering wheel)更改为“转向控制”(Steering control)。

(2)将“驾驶人座椅位置”(Driver's seating position)更改为“驾驶人指定座椅位置”(Driver's designated seating position),同时将其定义范围扩大,修改为“可提供立即访问手动操作驾驶控制装置的指定座位”(A designated seating position providing immediate access to manually operated driving controls);将“乘客座椅位置”(Passenger seating position)的定义更改为除驾驶人指定座位以外的其他“指定座椅位置”(Designated seating position),而当车辆设计的手动控制装置处于收起状态时,“乘客座椅位置”包括“驾驶人指定座椅位置”。

(3)根据座椅位置的定义,修改了对应“驾驶人安全气囊”(Driver's air bag)、“驾驶人测试假人”(Driver dummy)的定义,并明确安全气囊、测试假人不再局限于传统汽车主驾驶位置,指定座椅位置也需要安装或使用相应的安全气囊、测试假人。

其次,针对新型设计,要求自动驾驶汽车配备额外的安全保障措施,以达到与传统汽车同一水准的安全保障能力。以自动驾驶汽车中儿童乘客安全问题为例,《乘员保护安全标准》对《联邦机动车安全标准》第208号(乘员碰撞保护)做了重大更改。传统汽车中,并不会存在儿童占据所谓“驾驶人”位置的可能,该位置(即前排外侧座椅)在初始设计时就未曾考虑在碰撞中保护儿童的问题;在未配备传统人工控制装置的自动驾驶汽车中,存在儿童作为“乘客”占据前排外侧座位的可能。因此,对于取消传统人工控制装置(如转向盘)的自动驾驶汽车,安全标准要求所有前排外侧乘客座椅必须配备高级别的安全气囊,同时,每个前排外侧乘客座椅的安全气囊都需要配备一个单独的信号装置,以便在该座椅上的乘客知道他们的安全气囊是否正确接合。

最后,针对特殊类型车辆,设置了排除性条款。针对运输货物而非运送乘客的“无乘员自动驾驶汽车”(Occupantless Automated Vehicle),例如无人驾驶货车,《乘员保护安全标准》补充了相应《联邦机动车安全标准》的规定,明确表示此类自动驾驶汽车可不适用“乘客安全标准”。以无人驾驶货车为例,无人驾驶货车本身不运输乘客,在车内无驾驶人的情况下,也不存在保护乘员安全的需求。《乘员保护安全标准》对碰撞性要求的适用的相关内容做了适当修订,免除了此类车辆的"乘员保护"责任与义务。

另外,现有法规不禁止汽车生产企业生产、销售配有手动驾驶控制系统的自动驾驶汽车。NHTSA 正在考虑通过改变安全标准或特别豁免的方法,允许汽车生产企业生产、销售不具有手动驾驶控制系统的自动驾驶汽车。

此次对《联邦机动车安全标准》相关术语的修订,为配备自动驾驶技术的汽车适用《联邦机动车安全标准》打下基础。新标准增加"新型设计"的安全标准要求,提高了 NHTSA 对自动驾驶技术安全评估的透明度,为自动驾驶技术的商业应用带来便利。新标准关于特殊车辆类型的排除性条款的设置,也扫清了不必要的监管障碍,在保障安全的基础上,鼓励自动驾驶技术创新。

(九)自动驾驶汽车事故监管变化历程

在奥巴马和特朗普执政期间,美国对自动驾驶汽车的发展保持技术中立和自由开放的态度。在当前法律框架下,允许 L3 ~ L5 级别自动驾驶汽车在公共道路上运行的美国联邦法规有两个:一是生产企业可以在完全符合《联邦机动车安全标准》并认证合规的车辆上安装自动驾驶系统(ADS);二是生产企业可以以研究或展示为目的,依据《国家交通与车辆安全法案》(*National Traffic and Motor Vehicle Safety Act*),申请为期 2 ~ 3 年的临时性豁免政策,允许安装自动驾驶系统(ADS)但不符合《联邦机动车安全标准》要求的研发车型上路测试。但是,SAE International 标准定义的 L2 级别高级辅助驾驶汽车产生的交通事故责任仍由驾驶人承担。因此,2016—2022 年间,美国对 L2 级别汽车交通事故往往是按照人类驾驶人监管不力来认定责任的,鲜有对汽车生产企业或自动驾驶软件提供商追责的案例。同时,在公共道路上测试的 L3 ~ L5 级别自动驾驶汽车发生碰撞事故时,由地方政府进行事故原因调查和向公众发布信息,多数汽车生产企业或运营商也不会向 NHTSA 和社会主动公布事故详细信息,更谈不上 24 小时快速上报。当前,部分生产企业采用的自动驾驶汽车技术架构不支持实时云端监控行车数据,而地方警察局在交通事故调查时也没有分析车辆配置的 ADAS/ADS 功能是否触发、系统软件版本号是什么等信息。

因此,面对自动驾驶系统的快速发展,拜登政府开始重视自动驾驶安全监管,加快监管手段的跟进步伐。NHTSA 代理局长 Steven Cliff 在新闻发布会上表示:"NHTSA 通过强制要求自动驾驶汽车运营商提交的事故报告获得交通事故关键数据,有助于快速识别自动驾驶系统中可能出现的安全问题。收集数据将有助于让公众相信联邦政府正在密切监督自动驾驶汽车的运行安全。"而美国汽车安全中心执行主任 Jason Levine 则认为:"汽车安全中心要求联邦政府对不受监管的自动驾驶技术进行有效监督,NHTSA 终于采纳了我们长期以来的建议。此前对于自动驾驶汽车发生的交通事故,既没有运营商向社会公众进行公布,也没有监管部门负责收集必要的数据。"因而,2021 年 6 月 29 日,美国承担车辆安全评估和道路交通事故调查职责的 NHTSA 发布了 2021 年第 1 号指令《关于自动驾驶系统和 L2 级别高级辅助驾驶系统的事故报告》,要求配备 SAE International 标准定义下的 L2 级别高级辅助驾驶和 L3 ~ L5 级别自动驾驶的整车生产企业以及汽车软件提供商和测试运营商,及时向 NHTSA 提交所有在美国公共道路上发生的碰撞交通事故报告。

NHTSA 发布的 2021 年第 1 号指令涉及以下五项主要条款:

(1)对于符合下列条件的每起事故(事件),报告主体应当在 24 小时内提交一份事故报告,并于 10 天内提交更详细的事件报告:①配备 L2 级别高级辅助驾驶或 L3 ~ L5 级别自动驾驶的测试车辆在美国公共道路上发生的碰撞交通事故;②在事故发生前 30 秒内的任何时刻,目标车辆上的 L2 级别高级辅助驾驶或 L3 ~ L5 级别自动驾驶功能处于接通状态;③交通事故导致任何人被送往医院接受急救或死亡的,或车辆被拖走的,或安全气囊打开的,或涉及道路使用者受伤的。

(2)报告主体应当在每月 15 日前提交所有 L2 级别高级辅助驾驶或 L3 ~ L5 级别自动驾驶涉及人员受伤或财产损失的事故完整报告。

(3)对于已按照上述要求提交的事故报告,在获得任何重大的、新的或补充的信息时,报告主体应当在下个月 15 日前提交更新后的事故报告。

(4)在本指令发布 10 天后,各报告主体就需要按照规定的电子表格和内容,开始向 NHTSA 提交本企业测试车辆发生的交通事故报告。

(5)对于可能涉及的商业机密信息(CBI),允许报告主体在事故报告中列出"ADAS/ADS 版本号""是否处于运行设计区域(ODD)"和"相关说明"三项内容,以免于被公开披露。

根据表 3-1,1 号事故指令规定的事故报告主要是要求汽车生产企业、自动驾驶软件提供商和测试运营商上报报告主体信息(Reporting entity information)、涉案车辆信息(Subject vehicle information)、事故情况(Incident information)、事故现场情况(Incident scene)、碰撞情况描述(Crash description)、碰撞后信息(Postcrash information)、相关说明(Narrative)七个关键项目信息。

事故报告信息内容 表 3-1

报告项目	要求填报内容
报告主体信息	单位负责人姓名、职位,联系人和电子邮箱地址
涉案车辆信息	车辆识别码(VIN)、品牌型号、生产型号、生产年份、行驶里程数、高级驾驶辅助系统(ADAS)/自动驾驶系统(ADS)版本、车辆运营实体名称
事故情况	信息来源(如公众投诉、车载终端报告、事故现场报告、执法机构、测试报告、媒体报告)、事故发生日期和具体时间、事故信息收到日期等
事故现场情况	事故发生地点(经纬度、位置描述、城市、州和邮编)、道路类型、道路名称、路面状况、路段限速要求和照明条件、当时天气情况等
碰撞情况描述	与谁碰撞、受伤程度、财物受损情况、车辆接触部位(分 9 个)、碰撞前车速、碰撞前行进方向、安全气囊是否打开、车辆是否被拖离现场、驾乘人员是否系好安全带等
碰撞后信息	可用的数据(端点检测与响应、视频、警方调查报告、公众投诉或无可用数据)、执法机构情况(是否介入调查、执法机构名称、执法人员姓名、联系电话和邮件地址)、事故发生时车辆是否在设计运行区域内运行
相关说明	碰撞前和碰撞后的详细事故过程,包括碰撞事故发生前后的高级辅助驾驶/自动驾驶功能特性变化

二、各州立法

美国各州政府积极出台州法律与行政命令,推动自动驾驶技术落地。美国联邦政府主要负责制定自动驾驶安全标准以及整体上的统筹协调,但在涉及车辆许可、注册、交通执法、安全检查、基础设施以及保险责任时,各州仍然是主要监管者。自2012年起,美国各州陆续出台了大量与自动驾驶汽车相关的州法律及行政命令,积极配合产业的发展。

(一)加利福尼亚州开启自动驾驶汽车州立法先河

加利福尼亚州是第一个在自动驾驶汽车领域开展探索性工作的联邦州。2018年2月26日,加利福尼亚州颁布正式法律,宣布自动驾驶汽车能够在没有人类驾驶人的情况下进行全自动驾驶测试。2018年3月2日,加利福尼亚州运输管理部门宣布,第一份许可证将于2018年4月2日发布,公告期为30天。2018年4月2日之后,自动驾驶汽车制造公司可以向加利福尼亚州机动车辆部门申请三种许可证:有人自动驾驶汽车测试许可证、自动驾驶系统运行许可证、无人驾驶测试许可证。优步(Uber)、谷歌和加利福尼亚州的其他公司积极申请成为第一批测试者。当前,300张自动驾驶汽车特别许可证已经通过运输管理部门的审核,确保无人驾驶汽车路面测试广泛开展。

截至2020年,共有50家公司和近1000名安全员获准测试自动驾驶汽车。新的无人驾驶汽车测试方案正式在加利福尼亚州颁布以后,实现了没有人类驾驶人的完全自动驾驶汽车大规模道路试验计划。拥有无人驾驶开创性技术的谷歌公司还向公众开放其自动驾驶技术研究平台,为全球的研发公司提供免费的开放平台。

(二)各州竞相推进自动驾驶汽车商业化部署

美国在自动驾驶汽车商业化部署方面走在世界前列。早在2018年,Waymo就已经开始向亚利桑那州的乘客收取试乘费用。目前,美国自动驾驶汽车商业化运营管理主要由各州政府依靠州立法与行政命令完成。

以加利福尼亚州为例,如果企业从事收费的自动驾驶载客运营,需要取得加利福尼亚州公共事业委员会(CPUC)授予的自动驾驶商用部署牌照。在获得加利福尼亚州公共事业委员会的自动驾驶商用部署牌照之前,企业需先取得加利福尼亚州机动车辆管理局(DMV)的自动驾驶商用部署牌照以及加利福尼亚州公共事业委员会交通租约承运人(Transportation Charter-Party Carrier,TCP)许可。此外,加利福尼亚州也对收费运营中的驾驶人的资质、乘客保护、乘客安全计划和保险金额进行了规定。2022年3月,Waymo和Cruise取得了加利福尼亚州公共事业委员会自动驾驶商用部署牌照,两家公司可以在旧金山附近正式地试运营自动驾驶打车服务,并向客户收取费用。2022年6月,Cruise表示其已经开始在旧金山向公众提供付费的无人驾驶打车服务。

(三)佛罗里达州尝试构建自动驾驶测试体系

佛罗里达州于2012年通过的立法鼓励具有自主技术的机动车辆在该州公共道路上进行安全开发、测试和操作,并对相应技术要求进行了规定。佛罗里达州2016年的立法则扩大了自动驾驶汽车在公共道路上的落地和通行范围,并取消了自动驾驶汽车测试和车辆中驾驶人存在的相关要求。2019年6月,佛罗里达州州长罗恩·德桑蒂斯(Ron DeSantis)签署了一项法案,允许2019年7月1日后科技和汽车公司在公共道路上测试自动驾驶汽车时不配备人类驾驶人,自动驾驶汽车在佛罗里达州可以进行无驾驶人辅助的无人驾驶汽车路测。根据该项议案的内容,乘坐在自动驾驶汽车上的人可以玩手机、看视频或是进行其他活动,并且以上行为不会被判为违反交通规则。

通过立法实现宽松的技术尝试环境,鼓励自动驾驶技术方向的创新成为佛罗里达州的产业推动方向。在摆脱法律上的限制之后,佛罗里达州通过构建多层次的自动驾驶测试体系,加强了产学研之间的技术互动。首先,从各类大学获得虚拟仿真环境和开发层面的支持;其次,建设封闭的测试基地(如Sun Trax测试场和肯尼迪航天中心测试场)以获得场地支持;最后,通过获得佛罗里达州立法部门和行政部门的支持,选定佛罗里达州中部高速公路、公路和过境道路进行实时公路测试,获取了大量的技术实践数据,推动了自动驾驶技术的进步。这是通过立法推动技术创新的典型案例。

(四)各州的行政命令

亚利桑那州州长道格·杜西(Doug Ducey)于2015年8月下旬签署了一项行

政命令，指示各机构“采取任何必要措施，支持在亚利桑那州公共道路上测试和运行自动驾驶汽车”。他还下令在选定的大学启用试点项目，并制定了计划遵循的规则。该命令决定在州长办公室内设立一个自动驾驶汽车监督委员会。2018年3月1日，道格·杜西通过2018-04号行政命令，更新了2015年的行政命令，以跟上新兴技术的发展步伐。命令内容包括：向全自动驾驶汽车进发，要求所有自动驾驶系统符合所有联邦和州的安全标准。2018年10月，道格·杜西签署了2018-09号行政命令，在该州建立了汽车配接移动研究所。

特拉华州州长约翰·卡尼（John Carney）于2017年9月签署了一项行政命令，成立了州长联网和自动驾驶汽车咨询委员会（The Advisory Council on Connected and Autonomous Vehicles）。该委员会的任务是对本州自动驾驶技术和战略创新提出建议，并将其应用于特拉华州的智能网联交通网络建设。

夏威夷州州长大卫·伊格（David Ige）于2017年11月签署了一项行政命令，在州长办公室任命了联网自动驾驶汽车（CAV）联系人，并要求某些政府机构与公司合作，允许在该州进行自动驾驶汽车测试。

爱达荷州州长欧士杰（Butch Otter）于2018年1月2日签署了2018-01号行政命令，创建了自主和联网车辆测试和部署委员会（Autonomous and Connected Vehicle Testing and Deployment Committee）。该委员会的职能包括：支持自动驾驶汽车的测试；对自动驾驶汽车的登记、管理、许可、保险，交通法规的更新与适用，车主或运营商根据现行法律应承担的责任和义务等相关问题进行研究；审查现有的州法规和行政规范；分析、解决自动驾驶汽车测试与运营存在的法律障碍；寻找自动驾驶汽车行业战略合作伙伴，提升本州自动驾驶产业的社会、经济和环境效益。该委员会必须囊括爱达荷州立法机构的两名成员，一名由众议院议长任命，另一名由参议院临时议长任命。

伊利诺伊州州长布鲁斯·劳纳（Bruce Rauner）于2018年10月25日签署了2018-13号行政命令。该命令指示伊利诺伊州运输部领导一项“智能伊利诺伊州”（Autonomous Illinois Initiative）计划，以推动伊利诺伊州内自动驾驶技术的发展以及相关基础设施和数据需求的开发、测试和部署。该计划的内容包括：制定伊利诺伊州自动驾驶汽车测试规划，支持伊利诺伊州公共道路或高速公路上的自动驾驶汽车测试，明确伊利诺伊州运输部的管理权限和职能等。在测试要求方面，计划规定，测试期间驾驶人必须处于驾驶座位上，并能够始终控制车辆。

缅因州州长保罗·勒佩治（Paul LePage）于2018年1月17日签署了2018-001号行政命令，创建了缅因州高度自动驾驶汽车咨询委员会（The Maine Highly Automated Vehicles Advisory Committee），以监督向缅因州引入高度自动驾驶汽车技术的情况，并就有关试点项目的评估、制定和实施提出建议。委员会应就拟议的高度自动驾驶汽车试点项目进行评估并提出建议，同时要求有关各方在缅因州的公共道路上驾驶试点车辆之前，应与委员会联系并申请许可证。

马萨诸塞州州长查理·贝克（Charlie Baker）于2016年10月签署了“促进自动驾驶技术的测试和部署”的行政命令。该命令要求组建一个关于自动驾驶汽车的工作组，该小组将与立法机构成员、车辆安全和自动驾驶方面的专家合作，并支持自动驾驶汽车公司与州运输部、市政当局和州机构签订协议。

明尼苏达州州长马克·代顿（Mark Dayton）于2018年3月5日签署了2018-04号行政命令，成立全州自动驾驶汽车咨询委员会（The Governor's Advisory Council on Connected and Automated Vehicles），以研究、评估和准备广泛开展自动驾驶汽车测试与推广工作。每个具有州议会席位的政党都将派出至少一名代表加入该咨询委员会。

俄亥俄州州长约翰·卡西奇（John Kasich）于2018年1月18日和2019年10月29日签署了2018-01K号和2019-26D号行政命令，宣告组建“俄亥俄驾驶”（Drive Ohio）工作组。该工作组的职能为“将负责俄亥俄州基础设施建设的人与开发先进技术的人聚集在一起，致力于减少严重和致命的交通事故、改善交通流量，使俄亥俄州的交通系统能够充分发挥其潜力”。此外，卡西奇还于2018年5月签署2018-04K号行政命令，允许该州进行自动驾驶汽车测试和试点计划，并要求开展自动驾驶汽车测试和试点的公司必须在Drive Ohio注册，提交公司本身、预期测试领域和条件以及其他要求等信息。该行政命令要求在俄亥俄州测试的自动驾驶汽车必须配有指定的安全员，但并不要求安全员在测试期间始终位于汽车上。

华盛顿州州长杰伊·英斯利(Jay Inslee)于2017年6月签署了一项行政命令,宣布成立一个自动驾驶汽车专项工作组,以解决自动驾驶汽车测试可能面临的问题。该命令要求具有相关监管机构管辖权的州机构“支持在华盛顿公共道路上对自动驾驶汽车进行安全测试和操作”。该命令对车内有驾驶人的自动驾驶汽车和车内无驾驶人的自动驾驶汽车做了区分规定,并提出了差异化的监管要求。

威斯康星州州长斯科特·沃克(Scott Walker)于2017年5月签署了2017-02号行政命令,成立了全州自动驾驶汽车测试和部署指导委员会(The Governor's Steering Committee on Autonomous and Connected Vehicle Testing and Deployment)。该委员会的任务是向州长提供关于“如何最好地推进威斯康星州自动驾驶和联网车辆的测试和运营”的建议。该行政命令规定,委员会的成员必须包含6名州议员,委员会的职责为:明确该州所有对自动驾驶汽车的测试和部署具有管辖权的机构,并与这些机构进行协调,以解决与“车辆登记、许可、保险、交通法规、设备标准以及车辆所有者或运营商根据现行法律承担的责任和义务”等相关的问题,并梳理可能阻碍自动驾驶汽车测试和部署的现行州法律和法规,以及其他任务。州运输部必须在2018年6月30日之前向州长提交最终报告。

(五)各州对无人配送车进行单独立法

在美国,各州通过立法对无人配送车实行分类管理。根据体积和速度的不同,美国将无人配送车划分为个人配送设备和低速机动车两种类型。个人配送设备的特点是体型小、载重轻、速度慢,主要用于食品、外卖、小包裹的配送,在法律性质上一般不被视为机动车,例如,宾夕法尼亚州明确将个人配送设备定性为“行人”。截至2022年12月20日,美国已有16个州为个人配送设备制定了相关配套政策。各州对无人配送车的规定差别较大,一般来说,在人行道上行驶的限速为16~19千米/时,如果没有人行道,则可沿路边行驶,沿路边行驶的限速为32~40千米/时。

对于按照机动车管理的无人配送车,已有标准豁免的先例。与个人配送设备相比,低速机动车体型较大,可在机动车道通行,速度一般在32~40千米/时之间。按低速机动车管理的无人配送车,其测试和部署需遵守一般自动驾驶汽车相关测试和部署的规定,产品必须满足 NHTSA 制定的性能和安全标准要求,或者取得该局的豁免,产品准入门槛较高。但美国已存在为无人配送车豁免不相匹配的标准的先例(比如 Nuro 无人配送车),最新发布的《无人驾驶乘员保护安全标准》中也明确,乘员保护相关标准不适用无人配送车。

三、联邦与各州立法的冲突与调和

美国参议院法律规范优先于联邦各州自治车辆法规,并且必然会对各联邦州已有的监管体系产生巨大的影响。2018 年,《自动驾驶法案》得到了众议院的多数通过,然而在参议院讨论中,法案还尚未被通过。美国参议院质疑该法案赋予自动驾驶汽车生产企业过多的制度自由,缺乏足够的法律安全措施。实际情况表明,各个联邦州的标准各异,汽车生产企业很难完全满足各州标准不一的技术和道路测试规范要求。

美国联邦各州需要灵活包容的自动驾驶汽车立法空间。同时,道路测试的技术进步也需要制度自由和创新环境,例如,道路设施更新和本地化路测许可制度。各个联邦州可以制定路测许可证、汽车登记、安全检查和保险要求的规则,联邦立法不应过多涉及实际业务,包括界定技术创新的设计、建设和绩效。

AV2.0 为联邦和州之间管理权限的划分提供了一定的指导,其内容包括:联邦和州管理当局之间的区别,管理制度如何对该领域的技术进步发展作出调整,以及如何在联邦层面与州层面之间实现监管责任的合理分配。联邦政府负责管理自动驾驶汽车和设备,而各州的责任包括管理驾驶人和自动驾驶汽车运行等其他方面。此外,允许和引导联邦州在立法当中充分参考和兼容联邦自动驾驶相关法案和自动驾驶指南的规定,以避免法规规定不一致,导致相关部门难以统一适用法律。但在美国运输部出台的 AV3.0 中,出现了“人将不再是交通工具唯一的操作者,自动驾驶系统也可以成为操作者”的内容,这意味着美国运输部存在“自动驾驶系统作为交通工具的操纵者要负交通事故责任”的倾向,这与各州目前道路交通安全的规定、事故责任以及侵权责任的要求并不一致。在立法上,目前仅有佛罗里达州等几个州作出上道路汽车可以不需要转向盘的相关规定。这种联邦与地方立法割裂的困境可能会阻碍制度创新和安全技术的推广。

AV4.0 提出整合包括运输部(DOT,含 NHTSA、FMCSA、FTA、FHWA 等下属部门)、国家交通安全委员会(NTSB)、内政部(DOI)、司法部(DOJ)、国防部(DOD)、国土安全部(DHS)、能源部(DOE)、联邦通信委员会(FCC)及全国残疾人理事会(NCD)等在内的 38 个联邦政府部门、行业机构自动驾驶相关职能,为自动驾驶产业发展提供全方位的支持,加强政府对数据安全、信息技术、基础设施等的投入,完善自动驾驶法规、标准、市场竞争、知识产权等方面的规定,做好自动驾驶的技术和政策法律保障,对自动驾驶的发展给予更多的行政资源支持。AV4.0 的相关内容表明,美国运输部更加重视自动驾驶发展中的统一性原则,将会致力于统一标准与政策、确保联邦措施一致性和改善运输系统的整体效果,促进社会层面的合作与协同。

实践表明,一套全国性的标准将加快自动驾驶技术的发展,并有助于减少交通事故造成的伤亡,保持美国在汽车技术方面的领先地位。联邦立法部门推出一项并不完全符合现有监管框架的《自动驾驶法案》,虽然通过了众议院的决议,但至今没有获得美国联邦参议院的审议通过。如何合理地制定全国统一的自动驾驶汽车法律,是联邦运输管理部门所面临的前所未有的挑战。2018 年 9 月 5 日,在致美国国会的一封信中,全国州长协会(National Governors Association)、全国州议员大会(National Conference of State)和其他团体明确指出,《自动驾驶法案》的具体规定侵犯了州权力,并敦促联邦议员修改法案的措辞。未来十年,为了应对高速发展的无人驾驶汽车产业化进程,联邦政府和各州需要密切合作,以有效处理联邦立法与州立法之间的冲突。联邦运输管理部门与各州相关部门之间应当推动联邦立法和州立法之间的合作,为不断发展的智能化交通扫除障碍。

四、美国自动驾驶道路交通事故法律责任认定原则

(一)法律责任认定规则的探索

在美国,联邦各州都有根据当地法规作出事故责任决定的自主权,因此,AV4.0必须提供更多方向性和合法性的提示,以使相关法规在事故处理的方向上

趋于一致,从而保证各州在事故定责上有一定的统一性。AV2.0 明确了联邦、地方政府和私营部门在自动驾驶中的角色定位,要求州政府关注发生事故时乘客、生产企业、运营商和其他自动驾驶相关方的责任划分,以及谁将负责机动车辆保险、商业保险,以用于解决赔偿问题。AV4.0 在此基础上更多关注网络安全、数据安全和隐私安全的内容。因此,事故定责将更加关注自动驾驶系统和汽车生产企业的安全运行责任等内容。

美国并未在联邦层面统一规定交通事故责任,交通事故定责主要依据各州的侵权法。截至 2021 年,美国已有 29 个州和华盛顿哥伦比亚特区实施自动驾驶相关立法或行政命令。其中,部分州在自动驾驶立法中明确了初始生产企业的产品责任,如弗吉尼亚州和内华达州立法指出,生产企业将承担相关自动驾驶系统的产品过错责任,但因第三方改装车辆造成的"缺陷"对生产企业提起的诉讼,生产企业不承担任何责任。有些州则在相关立法中依然将汽车保有人认定为事故主体,例如,宾夕法尼亚州规定,高度自动驾驶汽车的保有人应对使用高度自动驾驶汽车引起的事故承担责任;亚利桑那州新交通法则将自动驾驶汽车的事故判定纳入其中,要求自动驾驶汽车的保有人有责任向警方说明事故的过程。有些州在"驾驶人"的认定上实现了突破,这将给事故侵权法律认定、道路交通违法等现有法律规范体系带来冲击,如佛罗里达州规定在启用自动驾驶系统驱动车辆时,自动驾驶系统(而不是人)被视为自动驾驶汽车的操作员。

亚拉巴马州的自动驾驶法案则专门针对商用车作出了一系列规定,其中对商用自动驾驶汽车的事故责任主体做了明确。该法案允许配备远程操作系统的商用车在没有传统车内驾驶人的情况下上路通行,其远程驾驶人将对任何违反道路交通法规和刑事法规的行为负责。当商用自动驾驶汽车发生事故时,车辆必须留在事故现场,保有人或远程驾驶人必须立即联系有关执法机构并报告所需的信息,自动驾驶汽车保有人和远程驾驶人将对可能发生的交通事故负责。在该法案的影响下,发生事故时,无论远程驾驶人司法管辖如何,该远程驾驶人将会受亚拉巴马州法律的管辖。佛罗里达州规定,在启用自动驾驶系统的情况下操作自动驾驶汽车时,自动驾驶系统(而不是人)被视为自动驾驶汽车的操作员。配备远程操作系统的车辆,在满足一定条件下,可以在车内无须人工操作员的情况下上路通行。这就意味着,远程操作员和自动驾驶系统将会成为事故发生时承担责任的主体。对商用企业安全性进行评估时,将会对远程操作员进行法律遵守情况的评估。

艾奥瓦州、路易斯安那州明确提出自动驾驶汽车需留在事故现场的原则。该立法强制要求,发生自动驾驶汽车事故时,自动驾驶汽车应留在事故现场,车辆保有人或其代表人应及时向执法机关报告事故。如果未能留在事故现场或存在未遵守其他规定的情况,则车辆保有人将会承担全部责任,并面临刑事处罚。与艾奥瓦州有所区别的是,路易斯安那州当前的规定仅限于商用车,要求商用自动驾驶汽车或配备远程操作系统的商用车留在事故现场,自动驾驶系统运营商的代表或远程操作员等代表该系统运营的人应联系相应执法机构并提供所有相关信息。

从上述关于自动驾驶汽车事故的立法可以看出,美国各州关于自动驾驶汽车相关的事故定责原则一般以传统产品责任追责为主。也有部分州出现了根据一般侵权理论的原理,推定具有因果关系的自动驾驶系统、远程操作员等将成为追责、惩罚的主体,基于算法黑箱和管理责任的要求,自动驾驶汽车的运营商将承担最终责任的情况。有些州则根据汽车保有人的管理责任推定自动驾驶汽车的保有人将承担事故责任。

(二)自动驾驶系统成为归责主体的争议

关于自动驾驶汽车致害的刑事归责问题是理论界讨论的热点,其中的争议焦点是“自动驾驶系统”是否属于犯罪构成要件中的“行为主体”。“《模范刑法典》设计刑事责任始于追问被告人(在程序意义上)是否实施了行为举止,否则无论其有多么邪恶,思想都不能被处罚。”从美国《模范刑法典》相关条文来看,“行为”是指“作为或者不作为及其伴随的主观状态,或者相关的一系列作为和不作为”。因此,“除非他的责任是以包括自愿的作为或者不去实施他身体上能够实施的作为之行为为基础,否则这个人是不能论以犯罪的”。

对此,有美国学者指出:“在刑法中,作为被界定为具有外在事实表现的客观行为方式。根据这一界定,作为的实体性是其在‘外在事实表现’的表征,使得行为和与主观要件相关的‘主观内部’问题区分开来。”“因此，刑法将作为看成是具有外在事实表现的客观行为方式，无论是否出于意志。基于此，人工智能技术能够实施符合行为要求的作为。这不仅对于‘强人工智能’而言是事实，对于‘弱人工智能’也是如此。当一个机器人移动其手臂或者其他装置时，这被认为是‘作为’。”与此同时，“人工智能技术能够实施满足行为要求的‘无为’”，因为：“实际来讲，不作为的犯罪要求什么也不做。毫无疑问的是，任何机器都能够什么也不做。因此，任何机器实际上都是能够实施不作为的。自然地，对于被视为不作为的‘无为’，必须有违反‘无为’的一种法定义务。如果这种来自法律或者合同的义务是存在的，义务是针对机器的，那么机器有能力去实施与那一义务相关的不作为就没有问题了。”按照该论者的观点，即便依据现行刑法理论，“自动驾驶系统”也可以“行为”（包括“作为”和“不作为”）。不过，该论者继续分析指出：“刑法的基本问题是刑事责任的问题。比如，一个特定的实体（人或者公司）对其在特定时间和空间中所实施的特定犯罪承担刑事责任。为了追究人的刑事责任，以下两个要件必须都存在：第一个是外部或者事实要件，比如，犯罪行为；而另一个则是内部或者主观要件，比如，与行为要件相对应的犯意或者一般故意。如果缺少它们中的任何一个，就不会有刑事责任。”据此，论者认为，虽然“自动驾驶系统”可以“行为”，但“这并不必然意味着这些机器人对其行为就负有罪责，因为追究刑事责任还必须满足主观的要件要求”。从这个意义上讲，“一种人工智能的算法可能具有超过一般人的不同的特征和资格，但是这些特征或者资格并不是追究刑事责任所必需的”。

循着该论者的思路，尽管不能追究人工智能实体有罪过的刑事责任，但可以追究其“严格刑事责任”。严格责任是由绝对责任演化而来的，并被刑法作为一种主观要件要求而接受。“在19世纪中期，美国刑法接受‘绝对责任’作为刑法责任的基础”，并“将其限定于微罪、受到罚金处罚的违法行为以及并不严重的犯罪”。“在此期间，因为刑法的内在发展，罪过要件变得极其重要，犯意成为刑法主观要件中主要和首要的要求。因此，刑法就要求在绝对责任方面进行改变，以满足对于罪过的现代理解，从而引发了从‘绝对责任’到‘严格责任’的变化。变化之核心就在于从绝对法律推定到相对法律的变化,因此犯罪人员就会有机会否认刑事责任。”在这一背景下,“追究‘严格责任犯罪’需要同时满足事实和主观要件要求。严格责任的主观要件要求是严格责任或者推定的过失。如果人工智能技术能够满足严格责任要求,就会因为‘严格责任犯罪’而可能被追究刑事责任,也适宜追究其刑事责任”。基于此,论者认为,“人工智能实体”本身、“涉及创造、设计、编程和操作人工智能技术和实体的人”以及这两者一起均可能对“严格责任犯罪”担责。首先,就人工智能实体本身而言,在确定“严格责任犯罪”过程中,法院并不需要审查犯罪人是否“邪恶”或者“不道德”。因此,“基于当前事实数据(比如天气预报计算机)能够计算事件发生概率并作出满足一定标准的选择的‘强人工智能’系统就被认为具有这种能力。若没有更多证据提交给法院,启动‘过失推定’并追究‘严格责任犯罪’的刑事责任就足够了”。

至于生产企业、程序员以及用户,则可以根据其作用和以下情形加以认定(以杀人罪为例):如果这些人打算工具性地使用人工智能系统去杀死救护车中的病患,“他们就成了利用他人的杀人”;如果这些人“预见到结果(病人的死亡)或者其他理性人在这种情形下应当能够预见这些结果,且人工智能系统对杀人罪负有责任,尽管犯罪是无计划的,他们也可能由于‘或然的结果责任’而承担刑事责任”。论者强调,“人工智能系统可能对‘严格责任犯罪’承担刑事责任,这并不必然减轻其他相关主体的刑事责任”。按照这一分析思路,“自动驾驶系统”可能承担“严格犯罪”责任,但具体如何为其配置刑罚并得以有效执行仍然无解,还需要做进一步的拓展和深化。

第四章　德国自动驾驶汽车法律规范体系

作为传统的汽车工业强国,德国积极推动自动驾驶汽车相关法律法规的制修订工作,探索自动驾驶汽车产业化路径,先后出台了《道路交通法(第八修正案)》(见附录1)、《自动化和网联化车辆交通道德准则》、《自动驾驶法》和《自动驾驶汽车准入和运营条例》(见附录2),成为全球第一个允许L3级别自动驾驶汽车规模量产的国家。

一、德国立法现状

2017年5月,德国颁布了首部针对自动驾驶汽车的法律法规《道路交通法(第八修正案)》(简称《第八修正案》),首次引入自动驾驶与高度自动驾驶的定义。在驾驶人的义务方面,《第八修正案》明确了驾驶人的注意义务和接管义务,即在自动驾驶系统启用状态下,驾驶人可以不对交通状况和车辆进行实时监控,但驾驶人必须保持警觉状态以备随时接管汽车;当自动驾驶系统向驾驶人发出接管请求或者驾驶人意识到自动驾驶系统不再具备工作条件时,驾驶人有义务立即接管汽车驾驶。在自动驾驶汽车交通事故法律责任追究方面,《第八修正案》明确规定,事故发生在驾驶人驾驶过程中,相关责任由驾驶人承担;如果事故的发生由自动驾驶系统原因所致,则需要由自动驾驶汽车生产企业承担责任。此外,《第八修正案》还规定了相应数据存储规则,为自动驾驶汽车在德国落地奠定了法律基础。

2021年5月,德国再次修订《道路交通法》,并将其命名为《自动驾驶法》,该法案意在为自动驾驶技术进一步落地运营提供法律依据和监管框架。《自动驾驶法》允许L4级别自动驾驶汽车在德国公共道路指定区域常态化运营,该法还创设了“技术监督员”制度,并对其技术要求、准入条件、数据处理规则等做了规定。根据《自动驾驶法》,德国允许汽车在特定应用场景下使用L4级别自动驾驶功能,并对自动驾驶汽车的运行范围进行了限制。《自动驾驶法》规定,自动驾驶汽车上路行驶需经过三个程序,第一步是向德国联邦汽车运输管理局申请自动驾驶汽车经营许可证;第二步是向州主管部门提交汽车(一辆或多辆同一类型的汽车)运行区域的申请;第三步是为自动驾驶汽车办理注册登记,申领汽车号牌。

2022年5月,德国通过了《自动驾驶汽车准入和运营条例》。该条例是德国《自动驾驶法》的配套实施条例,细化了自动驾驶汽车测试准入相关审批程序和要求。该条例对《自动驾驶法》中的三个程序所需材料及技术要求做了详细规定,包含对自动驾驶汽车的审查和准入许可的发放程序,运行区域的审批要求,自动驾驶汽车登记的补充规定以及自动驾驶汽车的结构、条件和设备等技术要求。同时,该条例还明确了自动驾驶汽车的技术要求以及监管机构和汽车生产企业等行业内各方的义务。

二、《第八修正案》主要内容解析

(一)允许按规定使用自动驾驶功能

根据《第八修正案》第1a条第1款规定,若按规定使用高度或完全自动驾驶功能,则允许使用该等功能驾驶机动车。

《第八修正案》第1a条第1款明确规定,《道路交通法》允许使用高度或完全自动驾驶功能操作车辆,只要该自动驾驶功能是“按规定使用”的,但还应当满足两方面的要求:一是根据《道路交通法》第1a条第2款的规定,自动驾驶功能应当满足动态驾驶任务和履行提示接管义务的各项要求;二是根据《第八修正案》第1a条第3款规定,自动驾驶功能除了符合第1a条第2款的定义之外,还应符合国际条约相关规定(如2007年9月5日欧洲议会与欧盟理事会第2007/46/EC号指令的

第 20 条)并获得型式认证。值得注意的是,对于不符合上述规定的自动驾驶系统,例如现在已经应用在一些汽车上的辅助驾驶系统,并不会因为该项规定而被禁止上路,相反,只要这种系统的使用符合一般交通法律规定,就都是被允许的。

(二)明确高度或完全自动驾驶功能的机动车的定义

根据《第八修正案》第 1a 条第 2 款的规定,具有高度或完全自动驾驶功能的机动车是指具备相应技术装备的车辆,具体分为六个方面:①该等技术装备可以在启动后操纵相关机动车完成驾驶任务,包括纵向行驶和横向行驶;②该等技术装备在高度或完全自动操纵机动车时可以符合机动车驾驶的交通法律法规、规范要求;③驾驶人可以随时手动取代或关闭该等技术装备;④该等技术装备可以识别需要驾驶人亲自驾驶机动车的情形;⑤该等技术装备可以在向驾驶人移交机动车控制权之前,在足够的时间内以视觉、声觉、触觉或其他可感知方式提示驾驶人亲自操纵机动车的必要性;⑥该等技术装备能够对违反操作规范和使用说明的行为进行提示。同时,机动车的生产企业应当在操作规范和使用说明中以有约束力的方式声明该机动车符合上述所列条件,并承担相应的法律责任。

综上所述,高度或完全自动驾驶汽车应当是具备相应技术设备以实现下述功能的车辆,具体包括六项要素:一是在自动驾驶功能开启状态下能够完成驾驶任务,包括纵向行驶和横向行驶;二是在高度或完全自动驾驶功能开启状态下行驶,能够遵守道路交通法律法规的要求;三是有驾驶人的自动驾驶汽车可以随时被驾驶人接管;四是能够识别必须由驾驶人亲自控制的情形;五是能够以听觉、视觉、触觉或者可被感知的方式向驾驶人发出接管请求;六是对驾驶人未按规定使用自动驾驶功能的情形进行提示。

(三)确立自动驾驶汽车驾驶人的注意义务和接管义务

《第八修正案》第 1b 条规定了使用高度或完全自动驾驶功能时驾驶人的权利和义务:①当按照第 1a 条的规定使用高度或完全自动驾驶功能驾驶车辆时,驾驶人可脱离对交通状况的高度关注和对车辆的实时控制;但其必须同时保持清醒戒备状态,以便随时履行第 2 款规定的义务;②当高度或完全自动驾驶系统要求驾驶人接管时、当驾驶人发现或者由于明显的情况而应当发现按规定使用高度或完全自动驾驶功能的条件不再具备时，驾驶人有义务立刻重新接管对车辆的控制。

《第八修正案》首先明确了驾驶人是指启动高度或完全自动驾驶功能、利用其控制汽车驾驶的人，即使其在按规定使用该功能的时候不实际驾驶车辆。但自动驾驶汽车驾驶人也承担了相应的注意和接管义务。注意义务是指在不亲自驾驶期间，必须保持警觉，以便能随时履行法定的接管义务。接管义务是指当高度或完全自动驾驶系统向驾驶人发出接管请求，或者驾驶人意识到或基于明显状况应当意识到车辆不再具有高度或完全自动驾驶功能所预设的使用条件时，驾驶人有义务立即接管汽车驾驶。

（四）增加了交通事故损害赔偿最高限额

根据《第八修正案》相关内容，第 12 条第 1 款修订如下：第 1 项中“500 万欧元”后分号改为逗号，并加入下列内容：“如在按第 1a 条的规定使用高度或完全自动驾驶功能的情况下导致损害的，总额最高不超过 1000 万欧元；”第 2 项中句号改为逗号，并在“欧元”一词后加入下列内容：“如在按第 1a 条的规定使用高度或完全自动驾驶功能的情况下导致损害的，总额最高不超过 200 万欧元。”

根据修订后的法案，针对自动驾驶汽车交通事故的赔偿数额，法案对车辆保有人设置了高于普通事故的最高赔偿额度。例如，根据《道路交通法》第 12 条第 1 款的最新修改，因自动驾驶造成的人员伤亡和财产损失的最高赔偿限额分别提高到 1000 万欧元与 200 万欧元，为普通情形下的 2 倍。

（五）提出了自动驾驶汽车信息存储、使用和处理规则

《第八修正案》第 63a 条第 1 款规定了具备高度或完全自动驾驶功能的机动车的数据处理规则，具体如下：

（1）当自动驾驶汽车驾驶模式在人工和高度或完全自动驾驶系统之间进行切换时，第 1a 条规定的车辆应存储通过卫星导航系统确定的位置和时间信息。当系统要求驾驶人接管对车辆的控制或者系统发生技术故障时，也应存储上述

数据。

(2)应按照各州法律规定的道路交通违法行为主管部门的要求,向其报送根据第1款规定存储的数据。该等机关有权存储和使用报送的数据。报送的数据应以对相关机关启动管控程序而言确属必要为限。但是涉及个人数据处理的除外。

(3)在下列情况下,机动车保有人应当向第三人传送按第1款规定存储的数据:该等数据对于与第7条第1款规定的事件有关的法律请求权的作出、满足或者抗辩确属必要,并且相关附带自动驾驶功能的机动车参与了该事件。

(4)按照第1款规定存储的数据应在6个月后删除。如果该机动车参与了第7条第1款规定的事件,则存储期限延长至3年。

(5)如果发生了第7条第1款规定的事件,则按照第1款规定存储的数据可以进行事故调查为目的,以匿名形式向第三方传送。

关于自动驾驶汽车数据的收集、存储、处理,法案规定,当车辆实际操控者在人工和高度或完全自动驾驶系统之间进行切换时,自动驾驶汽车将存储由卫星导航系统确定的地点和时间信息;如果系统对驾驶人提出了接管汽车驾驶的要求,或者系统出现了技术故障,相应信息也同样会被保存。针对自动驾驶汽车采集数据的利用,《第八修正案》对车辆保有人设置了若干提供数据的义务。第一类是基于执法活动的合法需要而获取和利用相关信息。例如,依法有权查处交通违法行为的执法机关可以根据知情需要,请求获取前述所存储的数据,但此种权力被限制在执法机关为实施监管所必需的程度之内。第二类是第三方基于合法理由而获取和利用相关信息。例如,如果存储的这些数据涉及《道路交通法》第7条第1款所规定的造成人员伤亡或财产损失的行车事故,当这些数据是执行、实现或限制与该事故相关的法律诉请所必需的信息,并且该自动驾驶汽车也卷入了该事故之中时,车主应将与之相关的必要数据提供给第三方;出于调查行车事故之需,这些数据信息还可以以匿名形式交付给第三方。最后,为了确保数据存储合乎法律要求的证明目的,法案要求,通常情况下自动驾驶汽车所存储的数据可在6个月之后删除,但如果该机动车涉及相关事故,相关数据应当至少保存3年,这与

《德国民法典》第 195 条及《道路交通法》第 14 条所规定的针对侵权行为的诉讼时效是一致的。

三、德国《自动驾驶法》主要内容解析

德国立法者认为,自动驾驶领域的动态发展势头仍然强劲。为了能够利用这一技术潜力,必须采取进一步的立法措施,使公众能够真正参与到这项技术的应用中来。因此,有必要在《第八修正案》的基础上对具有高度和完全自动驾驶功能(L4 级别)的机动车辆的运行进行规定。也有必要在已经实现的在公共道路交通中对自主、无人驾驶车辆进行测试的基础上,允许其常态化运营,至少在指定的运行区域内应可以使用自动驾驶汽车。在没有国际统一条例的情况下,需要制定与自动驾驶汽车相关的法律,并明确对有关人员和自动驾驶汽车的要求。

德国《自动驾驶法》共有 3 条规定:第 1 条共 5 款,详细说明了对《道路交通法》的修订情况,其中第 1 款在《道路交通法》第 1c 条后新增了第 1d 至第 1l 条,第 2 款至第 5 款则分别修订了《道路交通法》的第 8 条、第 12 条、第 19 条、第 24 条;第 2 条系对《机动车强制保险法》第 1 条的修订;第 3 条明确了该法生效的时间。

(一)增加"无人驾驶车辆"的定义

对于具有自动驾驶功能的机动车、指定运行区域、无人驾驶机动车的技术监督员、最小风险状态的含义,《自动驾驶法》做了如下规定:

(1)本法所称具有自动驾驶功能的机动车,可以在指定的运行区域独立执行驾驶任务,无须驾驶人驾驶车辆,且根据第 1e 条第 2 款配备技术设备。

(2)本法所指的指定运行区域是指符合第 1e 条第 1 款要求的具有自动驾驶功能的机动车辆可行驶的本国公共道路空间。

(3)本法所称无人驾驶机动车的技术监督员,是自然人,可以根据第 1e 条第 2 款第 8 项在操作过程中停用自动驾驶系统,对符合第 1e 条第 2 款第 4 项和第 3 款的车辆发出驾驶操作指令。

(4)本法所指的最小风险状态是指具有自动驾驶功能的机动车主动或在技术监督员的指令下改变自身的状态,以便在充分考虑交通状况的情况下,确保其他

道路使用者和第三方获得最大程度的道路安全。

《自动驾驶法》的最大亮点是为具备 L4 级别自动驾驶系统的汽车在公路指定区域实现常规运营提供合法性基础。根据《第八修正案》,无人驾驶汽车不同于德国《道路交通法》规定的智能汽车。相比之下,新增的第 1d 条第 1 款第 1 项明确规定,具有自动驾驶功能的机动车可以在指定的运行区域独立执行驾驶任务,且“无须驾驶人驾驶车辆”。据此,德国《自动驾驶法》的调整范围延伸到 L4 级别的无人驾驶车辆。根据新法,L4 级别智能汽车的公路运营必须符合“路端”和“车端”的诸多要求。从路端来看,无人驾驶汽车必须在德国境内“指定运行区域”的本国公共道路空间运营(第 1d 条第 2 款),并由州主管机关依照国家法律批准(第 1e 条第 1 款第 3 项)。从车端来看,L4 级别智能汽车必须配备相应的技术设备,能够独立实现安全驾驶功能(第 1e 条第 2 款),例如能在指定运行区域“独立完成驾驶任务”而无须驾驶人介入,能独立遵守针对驾驶人的交通规则等。

(二)统一自动和自主驾驶车辆的测试条件

用于测试自动或无人驾驶功能开发阶段的机动车辆,只有在满足下列条件时才能在公共道路上测试:

(1)根据第 2 款,联邦汽车运输管理局(KBA)已经为机动车颁发了测试许可证;

(2)机动车辆已按照第 1 条第 1 款登记;

(3)机动车辆完全用于测试目的;

(4)机动车的测试全程受到监控,具体方式为:一是在自动驾驶功能方面,监控工作由对机动车技术发展具有可靠认识的驾驶人进行;二是在无人驾驶功能方面,监控工作由一名对机动车技术发展有可靠认识的技术监督员在现场进行。

其中,测试许可证是由联邦汽车运输管理局经车辆保有人申请颁发的。联邦汽车运输管理局可以随时在测试许可证上增加附属条款,以确保车辆的安全运行,同时必须听取相关主管部门关于将运行限制在某一区域的意见。

由此可知,具有自动或自主驾驶功能的车辆开展公路测试时,必须依法登记并拿到联邦汽车运输管理局的测试许可证,且应由具有车辆技术知识的驾驶人

(或技术监督员)对自动(或自主)驾驶系统进行监控。立法理由指出,上述要求不仅适用于L4级别自主无人驾驶系统,也适用于低级别自动驾驶系统,且应优先适用。有观点指出,上述规定是德国《道路交通许可条例》第19条第6款和第70条第1款的特别法,应优先适用。

(三)上路通行条件

根据《自动驾驶法》第1e条规定,自动驾驶汽车上路行驶需满足以下四项要求:一是该机动车辆符合第2款的技术要求;二是已根据第4款取得联邦汽车运输管理局颁发的自动驾驶汽车运行许可证;三是该机动车辆在州主管机关批准的指定运行区域内运行;四是该机动车辆已根据第1条第1款登记以参与公共道路交通。

上路行驶的无人驾驶汽车应具备相应的技术设备,该技术设备应满足以下几点要求:

(1)在指定的运行区域能够独立胜任驾驶任务,无须驾驶人员介入驾驶,也无须技术监督员持续监控驾驶过程。

(2)能够独立遵守针对车辆驾驶的交通法规,并且具备事故避免系统。事故避免系统应当是为避免和减少损害而设计的。在不可避免对法益造成损害的情况下,系统应考虑不同法益的重要程度,并以保护人的生命为最优先级别,以及在对人类生命的危害无法避免时,不得根据个人特征进一步加权。

(3)如果因紧急避险等原因只有违反道路交通法规才能继续行驶,车辆应独立进入最小风险状态。

(4)在第(3)项的情形下,独立地向技术监督员提出可能的驾驶操作建议,或者向技术监督员传输可以评估车辆实时情况的数据,使得技术监督员可以决定是否批准其建议的驾驶操作。

(5)检查技术监督员发布的驾驶操作,在该驾驶操作会危及参与或未参与交通的人时,使机动车独立进入最小风险状态,而不是执行该操作指令。

(6)立即向技术监督员报告其功能受损的情况。

(7)认识到自己的系统极限,并在达到系统极限时、在发生影响自动驾驶功能的技术故障时或者在达到规定的运行区域边界时，使机动车独立进入最小风险状态，激活危险警告灯并在尽可能安全的地方停车。

(8)可由技术监督员随时停用，在停用的情况下，使机动车独立进入最小风险状态。

(9)以视觉、听觉或其他可感知的方式提前足够多的时间向技术监督员表明需要启动替代性驾驶操作、需要停用自动驾驶功能，以及向技术监督员显示有关其自身功能状态的信号。

(10)确保具备足够安全的无线电通信，特别是与技术监督员之间的通信，并在安全无线电通信遭遇中断或被未经授权访问的情况下，使机动车独立进入最小风险状态。

(四)安全保障义务

1.自动驾驶汽车技术监督员的义务

具有自动驾驶功能的机动车所有人、管理人有义务维护道路安全和机动车辆的环境相容性，并为此采取必要的防范措施，应当确保自动驾驶系统定期维护；采取预防措施，以确保在无人驾驶模式下遵守其他不属于通行规定的交通规则，并完成技术监督任务。

车辆系统依据《自动驾驶法》第1e条第2款第4项和第3款的要求对数据进行评估，认为应向车辆发出替代驾驶操作指令时，应当以视觉、听觉或其他可感知的方式提示技术监督员(中国一般称为“安全员”)，并发出替代驾驶操作指令。在车辆系统以视觉、听觉或其他可感知方式提示时，应立即停用自动驾驶功能；评估技术设备发出的关于自身功能状况的信号，并在必要时采取相应的交通安全措施；如果机动车处于最小风险状态，立即与乘客取得联系，并采取必要的交通安全措施。

《自动驾驶法》的另一个亮点是创设了针对具有“自动驾驶功能”汽车的技术监督员制度。根据这一制度，自动驾驶汽车保有人有义务采取必要措施，维护道路安全和车辆的环境相容性，并承担相应法律责任。这些义务包括定期维护系统以确保自动驾驶功能正常，采取预防措施以遵守交通规则，履行技术监督义务(第

1f 条第 1 款、第 2 款）。为履行该义务，车辆保有人必须指定一名有专业知识的自然人担任技术监督员远程监控车辆，干预自动驾驶系统。根据优先处理级别，技术监督义务依次包括：第一，与下达车辆操作指令相关的技术监督义务，例如批准自动驾驶系统提出的驾驶操作建议；在系统无法独立完成驾驶任务时，根据提示和评估，发出驾驶操作指令；在系统不能应对驾驶任务也无法主动进入最小风险状态时，立即停用自动驾驶系统。第二，与车况相关的技术监督义务，例如评估技术设备发出的车况信号，并在必要时采取相应的安全措施。但技术监督员没有义务在自主驾驶功能运行时对车辆进行持续监控。第三，与交通环境相关的技术监督义务，例如一旦车辆处于最小风险状态，立即与乘客取得联系，并采取保障交通安全的必要措施，包括激活危险警示灯、发出紧急呼叫、联系其他道路使用者或主管部门等。

2.自动驾驶汽车生产企业的义务

自动驾驶汽车生产企业应当向联邦汽车运输管理局和州主管机关证明，在汽车的整个开发和运营期间，汽车的电子和电气结构以及与汽车相关的电子和电气结构是安全的；对机动车进行风险评估，并向联邦汽车运输管理局和州主管机关提供证据，说明风险评估是如何进行的，以及机动车的关键部件是否针对风险评估中确定的危害采取了保护措施；提供自动驾驶无线电连接足够安全的证据；对每辆机动车辆进行系统描述，制作操作手册，向联邦汽车运输管理局承诺其制造的自动驾驶汽车的系统满足第 1e 条第 2 款、第 3 款的要求，并承担相应的法律责任；为参与机动车辆操作的人员提供技术功能方面的培训，特别是对驾驶功能和技术监督任务的履行情况的培训；一旦检测到对机动车或其电子和电气结构或与机动车连接的电子和电气结构被操控，特别是在未经授权使用机动车辆无线电连接的情况下，立即通知联邦汽车运输管理局和州主管机关，并采取必要措施。

自动驾驶汽车生产企业从研发到运营阶段都有确保自动驾驶汽车各项功能正常的安全保障义务（第 1f 条第 2 款）。这些义务分为两类。第一类针对车辆和系统本身的安全，例如，确保相关电子和电气结构的安全，确保通信安全，确保自动驾驶系统功能安全。自动驾驶汽车生产企业应评估风险并对潜在危害采取防范措施,应向联邦汽车运输管理局证明履行了相关义务,并提供证据和有约束力的声明。第二类涉及系统操作人员和运营环境状况,例如,为车辆配备操作手册和系统说明,为车辆操作人员提供针对驾驶功能和技术监督任务的培训,在检测到异常操控时立即通知主管部门并采取必要措施。仅在符合相关安全要求时,联邦汽车运输管理局才会批准激活高度自动或者完全自动驾驶功能。

(五)自动驾驶汽车数据存储、使用规则

1. 数据种类

为确保自动驾驶汽车行驶安全,《自动驾驶法》明确了汽车保有人的数据存储义务,并为交通主管部门明确了数据处理的法律依据,规范数据在自动驾驶汽车与政府机构之间的传输和处理。《自动驾驶法》第 1g 条第 1 款明确列举了自动驾驶汽车保有人有义务存储的 13 类数据,包含个人数据(如车辆识别号、位置数据等)和非个人数据(如车辆使用次数、自动驾驶功能的启停、车速等)。具体包括以下几种:车辆识别号;位置数据;使用车辆,以及启用和停用自动驾驶功能的次数和时间;启动替代驾驶操作的次数和时间;系统监视数据,包括有关软件版本的数据、环境和天气状况、网络参数,例如传输延迟和可用带宽等;已激活和已停用的被动和主动安全系统的名称;有关这些安全系统状态的数据及触发该安全系统的实例;车辆在纵向和横向的加速度、速度;照明设备的状态;具有自动驾驶功能的机动车辆的电源;从外部发送给汽车的命令和信息。

2. 数据传输和存储

自动驾驶汽车保有人有义务根据要求将上述数据传输给联邦汽车运输管理局和州主管机关,例如在联邦汽车运输管理局按照相关规定执行任务时,以及在州主管机关按照相关规定履行职责时。根据规定,在以下情况下应当保存数据:技术监督员进行干预;在冲突情况下,特别是在事故和近乎事故的情况下;意外车道改变或发生逃逸;运行中断。自动驾驶汽车生产企业必须准确、清晰、简便地告知保有人有关隐私设置选项和在车辆以自动驾驶模式运行时处理的数据。机动车辆的相关软件必须使保有人能够作出适当的设置。

在监控具有自动驾驶功能的车辆的安全运行所必需的范围内，联邦汽车运输管理局有权从汽车保有人处收集、保存和使用自动驾驶汽车产生的相关数据。如果被收集数据的使用目的已经达到或不再需要这些数据，联邦汽车运输管理局必须立即删除这些数据，最迟不得超过相应自动驾驶汽车停止运行后3年。

联邦汽车运输管理局有权将依据相关规定从汽车保有人处收集的非个人数据，基于与交通有关的公共利益目的，尤其是基于在数字化、自动化和网络领域进行科学研究以及进行道路交通事故研究的目的，传输给相关机构（如高校、非大学研究机构，以及负责研发、交通或城市规划任务的联邦、州和地方政府）。

根据州法，负责批准指定运行区域的主管机关有权从车辆保有人处收集、保存和使用《自动驾驶法》第1g条第1款的规定数据，以及技术监督员的姓名及其专业资格证明等信息，这是用于检查和监控指定运行区域内自动驾驶汽车运行功能是否符合相应批准条件以及是否满足相关要求所必需的。该存储义务源自下述法定理由：技术监督员的干预、出现（准）事故而引发了冲突、出现计划外的变道或躲避情况，以及出现运行中断（第1g条第2款）。

（六）自动驾驶汽车交通事故法律责任

1. 交通事故损害赔偿责任

《自动驾驶法》第1i条规定：在第8条第1款“如果事故是由在道路上行驶时速不超过20千米的机动车辆造成的”后补充“除非是具有自动驾驶功能的机动车辆，且该车辆以自动驾驶模式运行”；在第12条第1款第1项和第2项中的“由于使用第1a条所指高度或完全自动驾驶功能”之后补充“根据第1e条运行自动驾驶功能时”；在第19条第1款第3项“如果事故是由连接到机动车的拖车引起的，且事故发生时该机动车不能以高于20千米的时速在平直道路上行驶，则第1项和第2项不适用”之后补充“除非其为第1d条第1款、第2款所指的具有自动驾驶功能的机动车辆且在自动驾驶模式下”；第24条第1款第1项中，“根据第6条第1款、第6e条第1款或第6g条第4款发布的行政法令或据此行政法令所颁布的命令”改为“根据第1j条第1款第1项、第2项、第4项、第5项或第6项、

第6条第1款、第6e条第1款或第6g条第4款的行政法令或据此行政法律颁布的可强制执行的命令”。

更加开放的适用场景,需要以更为严格的责任追究为基础。为充分保护自动驾驶汽车交通事故受害人,《自动驾驶法》第1条第2款至第5款对《道路交通法》已有规定进行了补充,加强了自动驾驶汽车保有人的责任。依据《道路交通法》第8条第1款,如果事故是由行驶时速不超过20千米的机动车或其拖车造成的,则免除车辆保有人的责任,只追究机动车驾驶人的责任。但由于自动驾驶汽车无人类驾驶人,如果依据原规定,继续免除车辆保有人责任,则无法保护事故受害方的权益。为此,《自动驾驶法》对这一规定进行了修改,确保自动驾驶汽车的保有人责任作为一项兜底性规定,适用于由自动驾驶汽车导致的交通事故的责任追究。

此外,《自动驾驶法》还扩大了机动车强制责任保险的被保险人范围。该法第2条规定,具有无人驾驶功能的机动车保有人应当根据《机动车强制保险法》相关规定,为技术监督员购买和维护责任保险。这同样有助于保障受害人的权益。原因在于,如果自动驾驶汽车在运行期间出现紧急状况,虽然技术监督员可以要求相关位置乘客接管车辆来避免事故,但也可能存在技术监督员不履行或不能履行职责而造成事故损害并面临索赔的情形。

2. 刑事责任

按照德国的刑法理论,犯罪构成需要符合特定的要件,即“构成要件该当(符合)性”“违法性”和“有责性”。在对一个行为是否构成犯罪进行判断时,首先要考察“构成要件该当性”。构成要件的第一个客观要件是行为主体。行为主体,即刑法规定的实施犯罪行为的主体。从经典刑法学理论的角度而言,行为主体首先应当是区别于其他动物或者自然事件的自然人。德国刑法规定,仅有自然人才可以处以犯罪的刑罚,这一点与其他欧洲国家是不一样的。这表明,根据德国刑法的规定,只有自然人才属于行为主体,虽然德国的违反秩序法规定,对于法人和团体也可以处以罚款,但是法人不能成为其刑法中的行为主体。德国刑法对于法人不能成为行为主体的理由可能同样适用于自动驾驶系统的刑事责任:首先,法律实体不能行为,不能为自己自主地设定目标,并自主地实施行为以达到这些目标;

其次，自动驾驶系统不能意识到它们行为的违法性，因此不能为其行为担责。简言之，根据德国刑法的现行规定，自动驾驶系统既非“自然人”也非“法人”，故不能认定自动驾驶系统成为刑法意义上的行为主体。

四、《自动驾驶汽车准入和运营条例》主要内容及解析

2022年2月，德国通过了《自动驾驶汽车准入和运营条例》（简称《准入和运营条例》），该条例是德国《自动驾驶法》的配套实施条例，细化了自动驾驶汽车测试准入相关审批程序和要求。该条例对《自动驾驶法》中的三个程序所需材料及技术要求做了详细规定，包含对自动驾驶汽车的审查和准入许可的发放程序，运行区域的审批要求，自动驾驶汽车登记的补充规定以及自动驾驶汽车的结构、条件和设备等技术要求。同时，该条例还明确了自动驾驶汽车的技术要求以及监管机构和汽车生产企业等行业内各方的义务。

（一）自动驾驶汽车登记规定

自动驾驶汽车的登记要按照《车辆登记条例》相关规定，满足以下条件：一是获得自动驾驶汽车有效型号批准；二是具备指定范围内运行的有效许可证；三是满足《机动车强制保险法》的规定，为自动驾驶汽车办理责任保险。

关于登记证书的记载事项，由于在道路中使用自动驾驶功能应限制在批准的指定运行区域内，在登记证书中应当注明被批准的自动驾驶汽车型号、审批通过的运行区域、签发机构和签发日期。

关于车辆转让，根据《车辆登记条例》相关规定，自动驾驶汽车转让的，应当重新办理登记，同时受让人应重新提交特定范围运行的申请。登记机构应将自动驾驶汽车登记、转让或停止使用等情况通知特定运行区域的主管部门。

（二）撤销和暂停自动驾驶功能的批准

《准入和运营条例》规定了联邦汽车运输管理局可以撤销自动驾驶功能批准的情形，具体如下：一是具有自动驾驶功能的机动车未经批准被改装的，并因此不再符合型号批准的要求；二是高度自动驾驶汽车生产企业不再满足授予型号认证

的必备要求,或不再符合授予型号认证的必要条件;三是自动驾驶汽车生产企业提交的申报不正确或不完整,伪造测试结果或者篡改对测试至关重要的数据等;四是自动驾驶汽车存在损害人的生命健康及财产安全的可能性,或者影响道路交通安全;五是法律法规规定的其他情形。

如果发生上述情形,联邦汽车运输管理局还可以要求自动驾驶汽车生产企业采取适当措施,对相关情况进行说明,特别是提供文件。在未调查清楚事情原因前,可以暂停相应型号的自动驾驶汽车授权。

(三)撤销和暂停对特定区域运行的许可

《准入和运营条例》规定,对于存在下列情况的,可以撤销和暂停对特定区域运行的许可:一是不遵守相关规定,可能会危及人身或财产安全、公共交通的安全和便利的;二是自动驾驶功能在规定的区域外使用的;三是不可暂停自动驾驶功能使用或者不允许人工接管自动驾驶汽车;四是不满足保障运行安全所需的人员和技术要求。

五、《自动化和网联化车辆交通道德准则》主要内容解析

伴随着自动驾驶汽车对周遭"感知"能力的增强,其能对道路使用者、障碍和危险状况作出更好的识别和区分,这也使得自动驾驶汽车将有可能更大程度地增强道路的安全性。不能被排除的是,此项技术发展到最后,将会产生本质上安全的汽车,换言之,这种汽车绝不会在任何情况下卷入事故之中。尽管如此,在技术上可能的今天,考虑到混杂的以及尚未实现互联的道路交通状况,目前该项技术还不可能完全排除事故。因此,有条件和高度自动驾驶汽车在上路通行过程中,仍然需要人类决策者的参与。

(1)部分和完全自动驾驶系统的主要目的是增强道路对于所有道路使用者的安全性。另一个目的是增加移动(出行)机会并使得自动化运输系统的所有进一步的好处成为可能。技术发展遵循个人自治原则,这意味着个人应该对其自身享有的行动自由承担责任。

(2)对个人的保护优先于所有其他功利主义的考量。自动驾驶系统的目标是

降低乃至消除交通事故对人造成的损害。只有在自动驾驶系统承诺至少相比于人工驾驶更低的损害，换言之，只有其达到风险正平衡时，对自动驾驶系统的许可才是公平合法的。

(3)公共部门负责确保被许可进入到公共道路环境中的自动化和互联化系统的安全性。因此，驾驶系统需要官方的许可和监管，指导原则是避免事故。从技术层面而言，如果自动驾驶带来的风险平衡总体上为正，那么不可避免地，技术风险就不会阻碍自动驾驶汽车的发展。

(4)个人对其自主决策承担责任是一个以个体、个体的发展权利以及他们对获得保护的需要为中心的社会的表达。因此，所有政府和政治监管决策都要致力于促进对个人人身权益和自主决定权的保护，法律应当致力于在最大化保障个人自主决定权的同时，在个人自主决定权与他人的自由和安全之间实现平衡。

(5)自动驾驶技术应在任何实践中可能遇到的情况下防止事故发生。基于技术发展现状，该项技术必须保证关键（临界）情况不会在无法预警的情况下出现。这些情况包括一些两难境地，在此种两难境地中，自动驾驶汽车必须在两种难以平衡的罪恶中作出选择。在这种情况下，所有可以能够预防或提醒事故方式的技术手段都应当被立即、持续地启用，例如，通过对可控交通环境应用的限制，车辆传感器、制动设备在危险情况中给人的信号提示，以及智能道路交通基础设施等预防危险。极大程度地增强道路安全性是自动驾驶技术发展和规制的目标，从车辆的设计和编程开始就应当致力于使其以一种具备防护性和可预期的方式驾驶，对乘客和其他道路交通参与者施加尽可能低的风险。

(6)引进更加先进的自动驾驶系统。如果自动驾驶系统的自动防撞等功能可以减少现有道路交通危险，那么可以考虑要求自动驾驶系统必须具备该等功能。相反，如果法律要求在特定情况下必须使用自动驾驶系统，又不能确保最大限度地对安全性进行保障，则可能存在道德或法律问题。

(7)在不可避免的危险情况下，对人类生命的保护在法律所保护的权益之中享有最高的优先地位。因此，受制于可行技术的局限性，在进行自动驾驶系统开发编程时，必须明确，在面对人类生命健康权和其他生命、财产权益的冲突时，如果选择对动物或财产造成损害可以使得人身伤害被避免，则必须作出此种选择。

（8）真正的两难决定，例如在一个人的生命和另一个人的生命之间作出的选择，取决于特定的场景，同时包含着不可预测的受到影响的各方行为。因此，它们不能被明确地标准化，或通过编程的方式使其在道德层面上不受质疑。虽然自动驾驶系统的设计要求是能够避免各类事故，但是它们不能通过标准化的方式对事故的影响进行复杂或直观的评估，进而取代一个能够负法律责任、具有道德能力且可以作出正确判断的人类驾驶人。如果某个人在紧急情况下出于挽救一个或更多人生命的目的杀了一个人，那么这个杀人者的行为是非法的，但他不必然是有罪或应受到处罚的。这种特殊情况下的法律判断不能轻易地被转化为抽象或一般的事前评估，因此也不能被转化为相应的程序语言。对政府有关部门（如负责自动驾驶系统相关事故调查的联邦调查局，或负责自动驾驶安全问题的联邦办公室）而言，应当要求自动驾驶系统能够系统性地从过往的事故中总结所学到的经验教训。

（9）在不可避免的事故中，不得基于个人特征（年龄、性别、身体或心理构成）而存在区别对待，也不得对受害者的生命健康权进行数量上的功利主义考量。自动驾驶系统设计者进行旨在减少伤亡人数的一般性程序设计可能是合法的，但产生道路交通安全风险的道路交通活动参与方不得牺牲未产生道路交通安全风险的其他主体的合法权益。

（10）在自动驾驶条件下，事故责任从以前由个人专属承担转变为由包括从驾驶人到技术系统的生产企业和运营商再到负责基础设施建设、制定政策和作出法律判决的主体承担。法定责任制度及其在法庭日常审判中的体现必须对这一转变作出有效调整。

（11）正在使用中的自动驾驶系统所导致的损害责任将受到与其他产品责任相同的原则的管制。由此，生产企业或运营商们有义务不断优化他们的系统并观察他们已经交付的系统，并在技术可行和合理情况下对其进行改进。

（12）公众有权以一种充分区别的方式知悉新技术以及它们的研发进程。为了该等原则的实际执行,对于自动驾驶汽车的部署和编程指导应该以尽可能透明的形式进行,在公众场所进行交流并由专业的独立机构进行审查。

(13)目前尚不明确,在一个数字化的运输基础设施环境(类似于当前铁路和航空运输的控制系统)中,所有机动车完全实现自动驾驶并由一个统一的智能网联中央平台进行控制的构想是否能够实现。即便这一构想在技术上是可行的,其在道德层面也会受到一定挑战,因为目前尚不能保证对道路使用者的全面监视和对自动驾驶汽车的操纵能够始终被限制在安全、合法的范围内。

(14)自动驾驶系统在受到攻击后应当重新评估其可靠性,除非这种对信息技术系统的攻击或在攻击中暴露出的系统固有弱点不会导致人们对道路交通安全信心的持续降低。

(15)利用自动驾驶过程中产生的数据以及与车辆控制相关的数据进行商业利用是被允许的,但应受到交通参与人和数据相关权利人的自主决定权的限制。车辆管理者和使用者有权决定是否同意对车辆数据进行传输和使用。应当形成确保数据传输和使用安全性的可行方案,并防止相关数据被搜索引擎或社交网络运营商滥用。

(16)应当能够明确区分“自动驾驶系统是否正在被使用”和“驾驶人在系统过度操控的情况下是否仍旧应被问责”。在未开启自动驾驶系统的情况下,人机交互机制必须能够明确控制责任应当由何者承担,并能够记录和储存控制权转移的时间及具体情况。同时,应当适时推动制定关于控制权转移相关程序和数据日志的国际标准。

(17)高度自动驾驶汽车的软件和技术不必满足在最短时间内将控制权(紧急)移交给驾驶人的要求。为了实现有效、可靠且安全的人机交互和预防超载功能,该系统必须更好地适应人类的交流行为,而不是要求人类去提高自身对系统的适应能力。

(18)车辆运行过程中,如果自主学习系统及与之互联的中心数据库能够在一定程度上保证安全,那么就有可能获得道德层面的许可。仅当自主学习系统满足与车辆控制功能相关的安全要求且不违背本报告设立的规则时,自主学习系统才能被允许开发。

(19)在没有人工接管的紧急情况下,车辆必须能够自主进入安全环境。自动驾驶系统自主进入安全环境时,对安全环境的认定应当与请求人工接管时保持一致。

(20)应当将合理使用自动驾驶系统作为一般性数字化教育的内容。应当以合适的方式在测试期间教授或指导驾驶人如何合理操控自动驾驶系统。

第五章　法国自动驾驶汽车法律规范体系

2021 年 4 月 14 日，法国政府颁布了自动驾驶汽车法令（简称“443 号法案”）；同年 6 月 29 日，法国政府在 443 号法案的基础上进一步规定了适用于交通法和道路法的补充法令（简称“873 号法案”）。从 2022 年 9 月 1 日起，该法令允许获得批准的指定车辆在预定路线或区域上启用自动驾驶系统。443 号法案主要对自动驾驶汽车的事故责任作出规定。873 号法案内容主要分为两个部分：一是针对自动驾驶系统的规定，包括对自动驾驶系统的定义、安全检验以及使用自动驾驶系统的条件；二是对自动驾驶道路交通系统的规定。

一、自动驾驶汽车相关责任主体

自动驾驶汽车相关责任主体包括操作者（中国一般称为“使用主体”）、技术系统设计者、服务提供商、道路管理者、车辆生产企业等。其中，操作者是指有授权的、位于车辆外部的法人或自然人，负责自动道路交通系统的运营、管理和维护。其行动包括：激活或终止自动驾驶系统；给出、修正或中止驾驶操作；确认自动驾驶系统提出的驾驶操作；指示自动驾驶系统内部的导航系统，为乘员选择或更改路线规划和停车点。操作者和技术系统设计者或者服务提供商可能为同一主体，在存在多个操作者的情况下，“操作者”一词指代其中的领导者。

技术系统设计者是指法人或自然人，负责技术自动道路交通系统的整体设计，为其特定功能和使用条件作出定义。

服务提供商有两类，一是集体公共交通服务提供商，根据其运营类型的不同，指地方当局或运营公司；二是私人公共交通服务提供商，指按各方事先约定，为客户提供一辆或多辆含驾驶人（操作者）车辆的运营者；在私人服务领域，服务提供商指为满足个人出行需要而组织私人交通服务的公司或组织。

道路管理者，即负责道路管理的有关当局。

汽车生产企业，为法人或自然人，负责批准整车、系统、组成部分或单独技术单元的型号，或批准单个车辆，或给予零部件和设备以授权。不论该法人或自然人是否直接参与整车、系统、组成部分或单独技术单元的全部设计和组装流程，汽车生产企业都应当确保整车生产完整性，并负责以上部件的市场监管事项。

二、自动驾驶汽车分级

部分自动驾驶汽车：在出现特定交通风险或故障时，必须要求自然人采取控制措施。

高度自动驾驶汽车：车辆可以在设计功能范围内应对特定交通风险或故障，无须要求自然人采取控制措施。

完全自动驾驶汽车：车辆可以应对特定交通风险或故障，无须要求自然人采取控制措施；可被远程操控，可以在自动驾驶道路系统内使用。

车辆等级及操控要求见表 5-1。

车辆等级及操控要求 表 5-1

<table>
<tr><th>车辆等级</th><th>车内驾驶人要求</th><th>远程操控要求</th></tr>
<tr><td>部分自动驾驶汽车</td><td>有能力应对任何接管要求；
有能力应对执法命令；
有能力给优先车辆让行</td><td>不允许</td></tr>
<tr><td>高度自动驾驶汽车</td><td>有能力在设计的功能范围内应对任何接管要求；
有能力应对执法命令；
有能力给优先车辆让行</td><td rowspan="2">仅适用于自动道路交通系统；
在经过安全展示及授权合规机构检验后，远程操控系统由服务提供商激活；
操作者可根据系统使用条件进行干预</td></tr>
<tr><td>完全自动驾驶汽车</td><td>不适用</td></tr>
</table>

技术自动道路交通系统包括：一组高度或完全自动驾驶汽车；允许远程干预或参与的技术装置。自动道路交通系统包括：提供道路客运服务的自动驾驶汽车；部署在事先规定好的路段或地区的、允许远程干预或参与的技术装置；上述自动驾驶汽车和技术装置的操作和维护规则。操作规则应当包括：

(1)最小风险策略。当发生未被预见到的风险、严重故障或操作者未能采取系统要求的行驶操作时，自动驾驶系统应当自行采取措施，停止车辆，保证车辆乘员和其他道路使用者的风险最小化。

(2)紧急策略。当存在碰撞风险时，自动驾驶系统应当自行采取措施，以减轻或规避碰撞。

1.使用自动驾驶的条件

根据自动驾驶汽车的不同分级，873 号法案对开启自动驾驶的条件做了规定。如果车辆要开启自动驾驶功能，则必须根据车辆具体情况，事先明确以下要求或条件：

①设计域(由生产企业或系统设计者规定)；

②自动驾驶系统在何种条件下应当采取最小风险策略或紧急策略；

③被授权的驾驶人在何种条件下应当执行、修正、中断或远程确认某种驾驶策略；

④可以被远程执行的驾驶策略；

⑤可以被自动驾驶提出并被远程确认的驾驶策略。

2.(技术)自动道路交通系统要求

(1)自动道路交通系统必须：

①能够在其使用范围内避免可以合理预见到的事故；

②系统可以分辨其是否处于可使用范围内，且系统仅在其处于使用范围内时保持使用状态；

③能够检测到故障，当故障出现时退出使用状态并通知操作者。

(2)技术自动道路交通系统必须:

①能够在其使用范围内避免可以合理预见到的事故;

②该系统使用的自动驾驶汽车可以采取最小风险策略或紧急策略;

③能够检测到故障,当故障出现时退出使用状态并通知操作者。

3. 安全规定

技术自动道路交通系统和自动道路交通系统应当通过安全检验并提交一系列文件,该文件应当接受被授权部门的检验,并附上被授权部门的意见。

文件包括:

(1)技术自动道路交通系统设计文件。

技术自动道路交通系统设计文件由系统设计者提交,内容包括:车辆信息、设计域、系统可采取的操作、系统激活和终止条件、远程干预可采取的操作、车外技术和安全设备要求、指定道路或区域、测试结果、运营和维护原则等。此外,该文件内应当包含对安全检验的描述。安全检验包括:考虑到技术自动道路交通系统的设计,针对系统失灵和交通风险的分析;以上风险的重要性及优先性分析;对系统应对以上风险措施的评估,特别考虑人员安全;安全模拟、测试和检验。此外,设计者应当附上功能和安全声明,以承担相应责任。

(2)初步安全文件。

初步安全文件由服务提供商提交,内容包括:指定的道路和区域,以及该区域内路网特征;运营商提供的服务内容,特别是服务的时间和地点;运营和维护规则、安全设备、信息安全表现、工作组织和人员训练措施;保护行人安全的措施;车外技术和安全设备安装计划;区域或道路的发展及发展规划;路网服务特征和级别;测试和测试项目。此外,该文件内所包含的安全检验描述应当包括:特定路段或区域内的系统失灵和交通风险;运营商提供的服务内容;任何可能影响安全的因素。

(3)投入运营安全文件。

投入运营安全文件由服务提供商提交,内容包括:安全管理系统的最终版本以及先前的迭代版本的整合;对技术和安全安排的有效性的承诺;运营商和道路管理者之间的协议;测试报告;信息安全相关报告。

(4)信息安全计划。

信息安全计划由操作者提交,描述当可能影响信息安全的事件发生时,进行干预的内部机构、手段、运营商和道路管理者之间的分工,以及如何通知、协调外部协助。

(5)年度报告。

服务提供商应向省长和行政管理部门提交系统运行安全年度报告,内容包括:发生事故情况,系统更改情况,系统重要更正情况,维持并提升系统安全性的行动计划。

操作者应向省长、交通警察部门和道路管理者提交年度外部审查报告,内容包括:运营安全的应用情况,内部控制的有效性,如何确保安全管理系统有效运行等。

具体的安全检验流程见表5-2。

安全检验流程 表5-2

编号	步骤	方法
1	车辆检验	根据车辆型号批准
2	技术自动道路交通系统检验	由国家授权的第三方机构进行检验
3	自动道路交通系统检验	
4	投入运营	运营商自行决定,但应通知省长、行政管理部门和道路运营者
5	运营中检验	监管和审查

三、自动驾驶汽车交通事故处理

(一)交通事故处理流程

当出现对人身安全产生严重威胁的风险时,服务提供商或操作者应当立刻终止系统,并通知省长及有关当局。

当检查或审计机构发现严重违规行为或对人身安全产生严重威胁的风险时,应当立刻通知主管部门、服务提供商或操作者、交通管理部门及道路运输主管部门。

任何牵涉人员伤亡和严重损伤的事故,应当立即向省长、服务提供商或操作者、交通管理部门、道路管理者、负责检测审批车辆的组织以及交通事故调查办公室。报告应当重点指出事故发生的原因和严重性。

操作者应当立即分析局势,并与服务提供商一同采取措施,确保乘客和第三方的安全,随后决定是否应当继续使用自动驾驶系统。在事故发生后的 2 个月内,操作者应当向省长、道路管理者、服务提供商、有关当局和交通事故调查办公室提交报告。当操作者提出要求时,技术系统设计者应当提供事故报告所需的所有信息。该报告应当分析事故原因和后果、潜在风险、事故教训以及防止类似事故再次发生应采取的措施。道路管理者应当向省长和操作者提供导致事故发生的信息。省长有权要求操作者、道路管理者等主体在 2 个月内提供更详细的报告。

当事故可能危及自动道路交通系统设计时,操作者也应当向有关当局汇报,并向技术系统设计者汇报。如有必要,技术系统设计者应当升级技术系统,并通知其他使用同一系统的操作者和有关部门。

(二)交通事故责任

在符合启动自动驾驶条件的情况下,当汽车驾驶功能被授权给自动驾驶系统时,驾驶人不承担刑事责任。出现以下情形时,驾驶人应当承担刑事责任:汽车的驾驶功能回到驾驶人手中;自动驾驶系统要求驾驶人接管车辆,但驾驶人在转换至手动系统后未能接管车辆;驾驶人不按照警方发出的传票、禁令或让行优先车辆的规则行事。

在符合启动自动驾驶条件的情况下,当汽车驾驶功能被授权给自动驾驶系统时,在对人身安全造成伤害的情况下,汽车生产企业或其代理人承担刑事责任。当开启自动驾驶系统的汽车违反交通规则时,汽车生产企业或其代理人承担经济责任。此外,873 号法案还规定了获取事故数据的人员权限和数据保留时长。

服务提供商根据自动驾驶汽车的验收情况和批准机构对自动驾驶系统周期性的安全检验情况,决定如何对自动道路交通系统进行调试和运行。服务提供商在进行调试和运行时，应当保证指定道路内自动驾驶汽车的运行安全和信息安全，并在需要时接受有关机关的检验。

不论是出于过失还是疏忽，在车辆将控制权委托至进行远程干预的自动道路交通系统后，如果因不当驾驶操作、未进行驾驶操作或在不当条件下开启自动驾驶系统导致事故，则由服务提供商或操作者承担刑事责任。

任何远程干预都应当由被授权的人员实施，该人员须持有与被远程干预的自动驾驶汽车类型相对应的驾驶执照。如果在自动道路交通系统框架内远程操控自动驾驶汽车的人员不具备操作相应车辆的执照，或未经授权即远程操控自动驾驶汽车，则应当处以 1 年监禁和 15000 欧元罚款。此外，873 号法案还对操作者的醉驾、酒驾、毒驾行为做了处罚规定。

对上述事故情况和责任判定的总结见表 5-3。

事故情况和责任判定总结 表 5-3

事发情况	责任方
驾驶人操纵车辆	驾驶人
驾驶人未能及时接管车辆	
自动驾驶系统开启	汽车生产企业或其代理人
操作者经由自动道路交通系统远程操控车辆	服务提供商或操作者
操作者未被授权	操作者
操作者不具备执照	
操作者酒驾或毒驾	

第六章 日本自动驾驶汽车法律规范体系

日本拥有发达的汽车工业生产体系，涵盖从芯片研发到各种传感器、零部件的生产与制造等各方面。为了抢占未来汽车产业发展的战略制高点，日本政府积极布局自动驾驶汽车发展版图，出台了一系列法律法规和政策文件推进自动驾驶应用，希望通过发展自动驾驶技术，增强汽车产业竞争力，降低交通事故发生量，缓解交通拥堵，并缓解人口老龄化引发的劳动力不足等问题。早在2013年9月，日本交通部就向日产(Nissan)公司颁发了国内首个自动驾驶许可，迈出了自动驾驶汽车落地日本的第一步。近几年，日本从战略规划到法律法规制定再到相关标准制定出台，初步建立了自动驾驶汽车法律规范体系。在立法层面，日本自动驾驶汽车法律规范体系体现出渐进式的特点，根据自动驾驶的技术特点，循序渐进，逐步调整，为自动驾驶技术的更新换代提供了有力的规范支撑。

一、自动驾驶汽车监管体制

在自动驾驶汽车相关法律规范的制定和实施过程中，日本逐渐形成了以内阁官房为主导，内阁府、经济产业省、国土交通省、警察厅、总务省、消费者厅等省厅相互协调合作的政府管理体制。

其中，内阁官房负责宏观战略及路线的规划，在自动驾驶汽车政策制定及实施过程中发挥着总揽全局的作用，对其他相关法律及政策的出台起着指导作用。具体而言，内阁官房日本经济再生综合事务局是自动驾驶发展战略的制定者，主要负责自动驾驶的官民协议会，对国家级自动驾驶发展项目的数据验证、进展情况等进行管理；内阁官房 IT 综合战略室是“官民 ITS 行动/路线计划”（Public-Private Intelligent Transport System Initiative/Roadmaps）的制定者，该计划于 2017 年 5 月提出，目的是为实现首相安倍晋三于 2015 年提出的“2020 年奥运会残奥会上的无人驾驶出行服务，以及高速公路上的无人驾驶”的目标，计划中提出了自动驾驶的推进时间线：2020 年左右，实现相当于 L2、L3 级别的自动驾驶以及在特定区域内 L4 级别的自动驾驶出行服务；到 2025 年，在高速公路实现相当于 L4 级别的自动驾驶。日本官房还下设道路交通工作组，主要负责实现自动驾驶管理制度设计与完善、自动驾驶数据安全战略规划等工作。

内阁府本身的职能是负责日本的经济财政、安全公共事务、科学技术、防灾政事，冲绳以及北方政策、政府宏观政策制定等方面的工作。在自动驾驶领域主要负责对自动驾驶技术及产业发展进行支持，同时协调国家与各地方之间的自动驾驶政策制定工作。

经济产业省主要负责自动驾驶产业政策的制定，其主要任务是大力推动自动驾驶技术的不断提高及商业化应用，增强日本汽车产业竞争力。具体职责包括探讨自动驾驶的未来前景、为建立国际化规则完善相关体制、“最后一公里”自动驾驶验证、高速公路货车编队行驶验证等。

国土交通省机动车辆管理局主要负责自动驾驶汽车的生产及安全监管。其主要职责是研究制定道路运输车辆相关安全标准、研究汽车损害赔偿责任、研究制定旅客运输事业发展规划等，其相关工作主要通过交通政策审议会、先进安全车（ASV）推进计划、车辆安全对策研讨会等进行推进。

国土交通省道路局和总务省主要负责自动驾驶汽车相关基础设施的建设及完善工作。其中，国土交通省道路局主要负责开发下一代协同智能交通系统，完善道路基础设施，并开展以半山区的服务区为据点的自动驾驶服务；总务省则负责完善通信基础设施，其主要任务是通过以实现车联网社会为目标的研究会，研究通信方式及其使用方法，并开展 5G 验证试验等。

警察厅负责交通规则的制定及研究。其主要以调查研讨委员会的形式研究与道路交通法相关的课题，并开展相关工作，同时也代表日本参与联合国有关日内瓦条约、维也纳条约的修订等工作。

在自动驾驶相关标准的制修订方面，消费者厅、法务省等机构发挥了重要作用。日本汽车工业协会（JAMA）、日本汽车研究所（JARI）、日本汽车技术协会（JSAE）也是重要参与者。

此外，根据在内阁府启动的自动驾驶系统战略创新项目（SIP-adus），日本成立了自动驾驶推进委员会，主要负责自动驾驶系统的开发、验证及相关研究工作。

二、自动驾驶汽车道路测试要求

为了保证自动驾驶汽车道路测试在全国范围内顺利、安全开展，日本警察厅分别于2016年9月和2017年6月发布了《自动驾驶系统的道路实证测试指南》（简称《路测指南》）和《远程型自动驾驶汽车公共道路实证测试的道路使用许可申请处理标准》（简称《路测许可处理标准》），对参与测试的人、车、路应当符合的要求做了明确规定。

（一）《路测指南》中的要求

《路测指南》明确了自动驾驶汽车参与路测应当符合的基本要求是：第一，测试车辆应符合日本道路运输车辆的安全标准；第二，驾驶人坐在测试车辆的驾驶座位上，应时刻监视周围的道路状况以及车辆的状态，并且在紧急情况时，为了避免伤及他人须进行必要的操作；第三，驾驶自动驾驶汽车必须遵守道路交通法等相关法令。值得注意的是，该指南不允许路测时驾驶座位无人。《路测指南》对路测主体、路测驾驶人、自动驾驶汽车和系统提出的要求如下。

1. 对路测主体的要求

对路测主体而言，其应当承担起提前规划测试事项、预判安全风险、采取安全保障措施、承担赔偿责任的义务。首先，《路测指南》第3条规定了实施主体的基本职责，即路测主体应当认识到，在公共道路中的交通参与者包括行人、自行车骑行者等，为尽量避免或减少在开放的公共道路中使用自动驾驶系统对交通安全产生影响，路测主体应当提高警惕并且采取有效措施保证安全。《路测指南》在第4条对具体的安全保障措施进行了详细说明，主要包括以下内容。在路测前，路测主体应当事先确认用于测试的公共道路交通环境；在测试车辆上张贴明显标识以提醒其他交通参与者；应当提前将公共道路实证测试的实施日期和实施场所事先通知当地居民或者道路使用者；将参与路测的相关人员之间有必要共享的事项（如自动驾驶系统发生故障或者发生交通事故等紧急情况时具体的对应措施和应对机制等信息）制作成书面材料，并且告知相关人员。在测试时，应当准备一辆与被测车辆同时行驶的汽车，密切关注被测车辆行驶状况以保障安全，除乘坐在驾驶席的测试驾驶人之外，需要再安排一人坐上测试车辆，负责监视自动驾驶系统的情况和道路交通状况等。《路测指南》第10条进一步规定了路测主体提前联系有关部门的义务。即路测主体应该根据测试内容，预留充足的时间，就本次公共道路实证测试的计划，事先联系管辖测试区域的警方、道路管理者、当地的运输局以及冲绳综合事务部，以获得包括测试车辆及自动驾驶系统的性能、测试区域的交通事故、交通堵塞状况、道路施工计划、道路环境以及道路构造等方面的建议。

其次，为了验证自动驾驶系统的安全功能，《路测指南》第4条规定了路测主体应当采取逐步分段测试的策略方法。即路测主体首先应该根据将要实施的公共道路实证测试预测将会发生的各种情形，并且在试验设施等场所设定所预测的情形，对测试车辆进行充分测试，以确认自动驾驶测试车辆可以在公共道路中安全地行驶。完成试验场所中的测试之后，在发生意外状况概率较小的环境中进行实证测试，并在充分确认安全性之后，慢慢地转移至公共道路进行实证测试。在公共道路进行实证测试时，也应当选择行人、自行车骑行者较少使用的路段，或者是行人、自行车骑行者无法通行的高速公路。另外，当自动驾驶系统有更新时，应当根据更新后自动驾驶系统的性能及测试的内容，在试验场所中重新进行测试。最后，为了提前防范交通事故等风险，路测主体应当在汽车损害责任保险之外，通过加入其他保险等来确保自身拥有适当的赔偿能力。

2. 对路测驾驶人的要求

《路测指南》对路测驾驶人的资格、能力及安全注意义务做了明确的规定。路测驾驶人应当具备的资格包括必须持有法律所规定的与测试车辆相对应的驾驶执照和应当履行道路交通法律法规中规定的驾驶人的义务。路测驾驶人在公共道路进行测试时应当具备以下能力：一是具有相当的驾驶经验并且驾驶技术娴熟；二是充分了解测试车辆自动驾驶系统的构造和特性；三是在实施公共道路实证测试前，在试验场所自行运用自动驾驶系统行驶，熟练掌握紧急情况下的操作。《路测指南》也针对测试路段的不同，对驾驶人的安全注意义务进行了区分。总体原则是测试驾驶人在运用自动驾驶系统驾驶车辆时，不强制要求把持转向盘等操作装置，但是必须时刻监视周围的道路交通状况和车辆状态，并且在发生紧急情况时可以立即采取相应的必要操作。具体而言，当在视野良好、车流量较小、出现紧急情况概率很低的路段中，可以采取把手放在扶手或者膝盖上这样放松的姿势；但是当在视野不佳、车流量较大、出现紧急情况概率较高的路段中，必须把持车辆操作装置，或者将手放在可以瞬间把持住操作装置的位置。此外，《路测指南》第 8 条强调了发生交通事故后应当采取的措施，与传统机动车驾驶人相同，测试驾驶人应当根据《道路交通法》第 72 条的规定，采取立即停止车辆行驶、救助伤者、防止道路中发生危险等措施，并且将交通事故的状况向警方汇报。

3. 对自动驾驶汽车和系统的要求

路测自动驾驶汽车和系统是否符合要求，对路测能否安全顺利开展至关重要。一方面，路测主体要确保自动驾驶系统在硬件上符合安全要求，具体而言，自动驾驶系统必须允许在发生紧急情况时，测试驾驶人可以介入并实施必要操作。在自动驾驶开始或者结束时，自动驾驶系统能通过发出警报声等方式，向测试驾驶人传达实时状态等；在自动驾驶系统达到性能极限或者发生故障时，保证有充足的时间，向测试驾驶人提出请求让其接管；确保自动驾驶系统采取了网络安全措施等。另一方面，应当对路测车辆相关的各种数据进行记录和保存，在测试车辆上设置行车记录仪，以便对公共道路测试中发生的交通事故或者违法行为进行充分的事后验证。

（二）《路测许可处理标准》中的要求

《路测许可处理标准》与《路测指南》的最大不同是，其针对的是监控/操作员远程操作自动驾驶汽车的测试，并将其归为《道路交通法》第77条规定的获得道路使用许可就可以实施的行为。《路测许可处理标准》对路测主体、远程监控/操作员、自动驾驶汽车和系统提出的要求如下。

1.对路测主体的要求

对于路测主体，《路测许可处理标准》在测试时间、地点、采取的安全措施、紧急措施及交通事故处理方法等方面有严格的要求。首先，在测试地点的选择上，原则上要求位于无线通信系统不会中断的地方，具有确保车辆安全运行所需要的通信环境。考虑到测试车辆的功能以及测试场地的交通状况，应选择一般不会造成严重道路交通阻碍的测试时间和地点，并且标明测试车辆正在使用远程自动驾驶系统行驶，以与其他车辆相区分。其次，测试主体应事先落实好相应的安全措施和紧急措施。安全措施必须确保安全可行，包括针对通信延迟、远程监控/操作员可操作环境受限等情况下应当采取的安全保障行为。紧急措施指在自动驾驶汽车出现故障或发生交通事故等紧急情况下，能够保证警察迅速参与处理和应对的措施。具体指测试主体应当事先建立在紧急情况下警察可以快速到达现场的体系；并且向警方提供发动机的停止方法或者其他的有效措施，以便在发生交通事故时，警察可以根据需要停止测试车辆的发动机，避免影响交通。最后，若测试车辆发生交通事故，测试主体应当采取以下措施：一是应向消防机构提交有关测试车辆的运行、停车方法，消防活动所需要的测试车辆信息以及测试日期等测试项目的文件，并向有关消防部门解释。二是向消防机关和警方报告事故情况，当车内人员需要救助或车辆在道路上可能发生危险时，向消防机关和警方请求协助。三是如果交通事故可能是因远程自动驾驶系统的故障或其他系统本身的原因引起的，应中止测试，并正确存储测试车辆录制的视频和声音（包括远程监控/操作员视频、语音等在内的操作状态记录、通信记录等），必要时应提交给相关机构，在采取防止事故再发生的有效措施后，方可重新申请许可。

2. 对远程监控/操作员的要求

远程监控/操作员，指远离测试车辆，并且根据情况，运用自动驾驶系统来监控或操作测试车辆的移动，在法律上承担驾驶人责任与义务的人。因远程监控/操作员与测试车辆不在同一空间，在远程监控/操作员资质和能力上，《路测许可处理标准》提出了比《路测指南》更高的要求。远程监控/操作员应当具备的资质包括：根据测试车辆的种类，依法取得驾驶所需的驾驶执照；能够始终意识到法律规定驾驶人所承担的义务和责任。在测试过程中，远程监控/操作员应当监控测试车辆周边的状况、测试车辆行驶的方向以及行驶状态，在车辆处于紧急状态时，保持立即执行必要操作的状态。值得注意的是，在一名远程监控/操作员运行多个测试车辆时，应当具备更高的能力，甚至要求“一心二用”，一方面，要求其能够同时监控视频和声音，以便掌握测试车辆周围的环境和行驶方向；另一方面，要求远程监控/操作员能够对一辆测试车辆进行远程控制，同时对其他出现运行困难的测试车辆采取安全措施。最后，在远程监控/操作员离开遥控装置时，应采取措施防止其他人进入测试车辆。

3. 对自动驾驶汽车和系统的要求

《路测许可处理标准》对自动驾驶汽车和系统的要求包括：一是在资质上，测试车辆必须符合道路运输车辆安全标准；确保车辆经过试验测试可以在公共道路上安全行驶；远程监控/操作员能够控制车辆制动；在通信的响应时间超过规定时间时，测试车辆必须能够安全地自动停车；能够确保远程监控/操作员可以根据视频掌握测试车辆的情况，并与测试车辆中的人进行通话。二是必须确保自动驾驶系统和测试车辆取得许可。三是在远程监控/操作员操作测试车辆时，保证操作者的视野或遥控装置的操作不会受到干扰。四是必须控制测试车辆的车速，保证其制动到完全停车所需要的距离，与普通车辆在该道路规定的速度下行驶时踩制动踏板到完全停车的距离一样。

三、自动驾驶汽车技术安全要求

2018 年 9 月，日本国土交通省发布《自动驾驶汽车安全技术指南》（简称《技术指南》),规定了L3、L4级别自动驾驶汽车必须满足的安全条件,旨在促进日本自动驾驶技术的开发与应用。《技术指南》规定了10项关于自动驾驶安全性的要求,主要围绕自动驾驶汽车本身特别是自动驾驶系统展开,主要内容包括:运行设计区域(ODD)的设置,自动驾驶系统的安全性,遵守的安全标准,人机接口(HMI)的要求,数据记录装置的搭载,无人自动驾驶汽车(L4)的安全性要求,安全性评价,使用过程中的安全保证及自动驾驶汽车生产企业、销售者等相关主体应当向使用者提供的信息。总体而言,《技术指南》的规定体现出以下特点:

一是保障硬件及系统安全,《技术指南》对自动驾驶汽车生产企业及系统研发者规定了较高的安全保障义务。如根据《技术指南》第3条,自动驾驶有关的设备、结构、功能,不仅应当符合道路运输车辆安全标准中的已有规定标准,还应当满足将来颁布的联合国规定的方针要求、国际标准化组织(ISO)等机构制定的相关国际标准和行业标准等。根据《技术指南》的规定,服务提供商在自动驾驶汽车行驶的整个过程中都承担着安全保障义务。在车辆投入使用前,应根据自动驾驶汽车的性能及使用方式制定相应的运行设计区域,确保自动驾驶汽车在设定好的运行设计区域范围内不会发生可预见、可预防的交通事故,并为自动驾驶汽车配备符合要求的人机接口、数据记录装置等设备。此外,还需事先对自动驾驶汽车进行道路测试,确认系统安全性。在自动驾驶汽车使用过程中,需要对车辆进行维护管理、检查整修,并应及时更新网络安全软件等。

二是对L3、L4级别的自动驾驶汽车进行区分规定。根据L3、L4级别自动驾驶技术的特点,区分规定了对于人机接口的要求、保障L4级别安全性的追加要求及自动驾驶汽车生产企业、系统提供商向使用者提供的信息范围。如自动驾驶汽车生产企业、系统提供商应当告知使用者,驾驶L3级别的汽车,在系统难以驾驶时,必须接手驾驶,而对于L4级别的汽车,当系统判断车辆难以继续行驶时,因有自动停止的功能,所以不需要强制使用者接管。

三是针对"人车交互"机制及界限提出了更为清晰的要求。如系统提供商在确定自动驾驶系统的运行设计区域时,应考虑道路条件、地理条件、环境条件等因素;在车辆行驶环境超出设计运行范围或自动驾驶系统发生故障时,对于L3级别的自动驾驶汽车,应向驾驶人发出介入的警告以委托运行权限,对于 L4 级别的自动驾驶汽车,系统判断自动驾驶难以继续时,应保证车辆具有自动安全停止的功能。在立法中提出并细化设计运行区域的要求,并明确紧急情况下驾驶人的义务,有助于进一步明晰和界定人与车之间的权责关系,这对提高自动驾驶汽车在路测乃至将来商业化阶段的安全性同样大有裨益。

四、《道路运输车辆法》和《道路交通法》的主要修改内容

2017 年,日本出台了《自动驾驶相关制度整备大纲》,为日本自动驾驶技术验证构建了体系化的标准和安全制度,同时,也提出日本道路交通安全法律体系应当修改和调整的方向,为《道路运输车辆法》修正案和《道路交通法》修正案的制定提出奠定了基础。为了应对 L3 及以上等级的自动驾驶技术给法律适用带来的新问题和新挑战,2019 年 3 月 8 日,日本政府分别通过了《道路运输车辆法》修正案和《道路交通法》修正案,对自动驾驶汽车及驾驶人管理做了明确规定。

就内容来看,《道路运输车辆法》侧重于汽车产品管理,修订内容主要与自动驾驶装置、软件更新有关,如修正案明确规定自动驾驶汽车必须配备自动驾驶装置,即检测车辆操作状况及周围环境的传感器、处理传感器信息的电子计算机(包括输入、输出装置)、记录自动驾驶装置操作信息的设备和必要程序组成的设备,必要时可对其进行维护,并且创立许可制度,允许通过远程升级等方式改变自动驾驶运行装置的软件程序。《道路交通法》修正案则涵盖了自动驾驶汽车和驾驶人两方面。

在自动驾驶汽车方面,一是明确 L3 级别自动驾驶汽车可以上道路行驶,但仅允许在高速公路交通拥堵时使用自动驾驶模式;二是增加自动驾驶汽车操作信息记录的规定。驾驶人应当给自动驾驶汽车配备操作信息记录设备并妥善保存记录的信息,违反规定的,处以 3 个月以下有期徒刑或 5 万日元(约合人民币 3312 元,下同)以下罚款,涉及单位犯罪的,对直接责任人员处以上述处罚,对单位进行罚款;三是对于可能存在性能缺陷的自动驾驶汽车,交警有权要求驾驶人出示操作信息记录;四是发生交通事故时,操作信息记录将作为认定法律责任的重要证据。

在驾驶人方面，一是放宽了驾驶人使用手机、观看车载电视的限制。驾驶人使用自动驾驶模式时，符合下列三种情形之一的，可以使用手机、观看车载电视：①车辆性能完好；②符合《道路运输车辆法》第41条第2款授权国土交通大臣制定的自动驾驶使用条件，相关条件正在制定；③当不满足上述两种情形时，正在使用自动驾驶模式的驾驶人应当能立刻发现车辆出现问题或不符合规定的使用条件，并停止自动驾驶，安全地接管车辆。同时明确，违反上述规定的，将被处以3个月以下有期徒刑或5万日元以下罚款。二是增加了驾驶人的义务。在驾驶人安全驾驶、不得酒后驾驶等原有义务的基础上，增加了驾驶人需遵守的特殊义务，即如果不符合《道路运输车辆法》第41条第2款授权国土交通大臣制定的自动驾驶使用条件，则不得使用自动驾驶模式。三是修正案明确了特殊情况下的交通事故责任承担。即当造成交通事故的原因是驾驶人对自动驾驶汽车维护不当，或无视自动驾驶汽车发出的警告时，应当由驾驶人承担相应责任。

此外，针对驾驶人在自动驾驶期间是否应当在驾驶座位上以及驾驶资格问题，修正后的《道路交通法》未做专门规定。但结合驾驶人需要在紧急情况下接管车辆和日本政府官员答复国会议员质询的情况，可以得知，在自动驾驶期间，驾驶人必须在驾驶座位上，确保能够随时接管车辆，同时应当取得相应车型的驾驶资格。

总体来看，日本对于自动驾驶道路交通法律制度的规划和制定略显保守，但稳中有进，尤其是其采取的从宏观到微观，从战略部署到法律法规、政策的制修订的渐进式立法模式，可为我国提供有益的参考和借鉴。相比于日本，我国立法进度略显滞后，自动驾驶相关条款尚未正式列入《中华人民共和国道路交通安全法》，意味着目前在高阶法律法规层面尚未对自动驾驶汽车进行明确规定，中央及地方出台的相关政策文件零散且效力有限，缺乏普适性，给我国自动驾驶汽车产业的长远发展带来诸多不确定因素。当前，我国应结合自动驾驶技术的发展趋势，借鉴日本的有益经验，先推动适用于L3及以下级别自动驾驶汽车法律法规的制修订工作，待L4及以上级别自动驾驶汽车的技术路线、产业形态、商业模式成熟后，再对法律法规做进一步的更新完善。

第七章　英国自动驾驶汽车法律规范体系

作为汽车工业发展的领先者,英国拥有领先的汽车制造技术和深厚的汽车产业文化。近年来,英国在自动驾驶汽车领域不断创新,同时也推动人工智能、大数据、云计算等新技术不断取得突破。自 2015 年起,英国政府及相关部门、机构和行业组织在政策法规制定方面不断推进、持续发力,力图为自动驾驶汽车的发展提供规范指引和法律保障。

英国非常重视自动驾驶汽车政策法规的制修订,认为立法监管是开发、试验和部署自动驾驶技术与服务的最关键因素。目前,英国形成了以《自动与电动汽车法案》为主导、其他政策文件为补充的自动驾驶汽车法律规范体系,涵盖自动驾驶汽车测试准入、上路通行、保险及责任规制、网络安全要求等方面,本章将对此进行深入解读和分析。

一、自动驾驶汽车的定义

2021 年 1 月,由联合国世界车辆法规协调论坛通过的《自动车道保持系统(ALKS)》开始实施,该法规是第一个针对 L3 级别自动驾驶汽车的具有约束力的国际法规。ALKS 是一种由驾驶人激活的低速应用系统,它通过控制车辆的横向和纵向运动,使车辆在其车道内保持 60 英里/时(约 96.56 千米/时)或更低的行驶速度,而无须驾驶人进一步介入。2018 年,英国颁布了《自动与电动汽车法案》(简称"AEV 法案"),在技术层面,AEV 法案规制的对象仅限于具有 ALKS 技术的汽车;在法律层面,AEV 法案将自动驾驶定义为“一种没有人类控制、也不需要人类监控的驾驶操作模式”。2022 年 1 月 26 日,英格兰和威尔士法律委员会和苏格兰法律委员会在进行为期三年的联合调查后,联合发布《自动驾驶汽车:联合报告》(*Automated Vehicles: Joint Report*,简称《联合报告》)。在 AEV 法案定义的基础上,《联合报告》进一步对“监控”进行具体阐释,指出只有在满足人类不需要监控以下要素时,才可以被视为自动驾驶:①驾驶环境;②车辆性能;③自动驾驶系统执行动态驾驶任务的方式。

此外,《联合报告》没有采用较为通用的 SAE International 自动驾驶分级标准,而是提出驾驶人辅助(driver assistance)、用户控制功能(user-in-charge features)和无用户控制功能(no user-in-charge features)分类。原因是 SAE International 自动驾驶分级主要基于功能的设计意图,而没有规定每个级别必须满足的法律测试,采用新的分级标准意在建议建立一个法定测试框架来验证自动驾驶是否达到了与辅助驾驶区分的标准要求,车辆在被授权具有自动驾驶功能之前必须达到该测试的要求。关于自动驾驶的接管要求,《联合报告》认为,自动驾驶接管必须有一个清晰的、多感官的信号,且有足够的获得态势感知的时间,如果用户不能接管,自动驾驶系统应采取充分的风险缓解措施(可能为在车道上停车、危险指示灯闪烁等)。更重要的是,在没有接管要求的情况下,自动驾驶汽车不能依赖用户来响应事件。如果自动驾驶系统在没有主动提出接管要求的情况下依赖于一个不参与动态驾驶的乘客来注意可能发生的安全事件,那么它就不应该被认为是真正意义上的自动驾驶系统。

目前,英国法律层面对自动驾驶汽车的定义显然过于笼统和概括,还需做进一步的补充和细化。

二、测试要求

为保障自动驾驶汽车在公共道路上开展测试工作的规范与安全,英国交通部于 2015 年 7 月发布了《无人驾驶汽车发展道路:道路测试指南》(*The Pathway to Driverless Cars:A Code of Practice for Testing*),对自动驾驶汽车开展测试时的驾驶人、助手、车辆等做了规定。针对自动驾驶汽车,要求其必须符合英国现行道路交通法的相关规定;其必须能够对所有道路使用者(包括更易受伤害的道路使用者,例如残疾人、有视力或听力障碍的人、行人、骑自行车的人、骑摩托车的人、儿童和骑马者)作出合适响应;要求其必须配备数据记录装置,并以至少 10 赫兹的频率记录车辆传感器和控制系统的相关数据(包括当前自动驾驶的模式、车速、转向、制动、车灯和指示器、声音报警、周边环境传感器、远程命令等),以备管理部门检查等。为确保自动驾驶汽车开展公共道路测试时不给其他道路使用者带来额外风险,汽车生产企业必须确保其车辆已在封闭道路或测试场地上成功完成内部测试,并保存相关证据以供管理部门审计跟踪。2019 年,英国交通部又对《无人驾驶汽车发展道路:道路测试指南》进行了更新,主要增加了测试者的参与策略、车辆数据访问、高级试验的流程等内容。其中值得重点关注的有以下几点。

其一,自动驾驶汽车测试的法律要求。在英国,只要满足以下法律要求,任何级别的自动驾驶汽车就可以在公共道路上进行测试:一是自动驾驶汽车测试者必须确保有车内安全员或远程安全员;二是适于行驶的车辆;三是适当的保险。可以看出,英国对测试条件的限制相对较宽,并未限制路段和自动驾驶级别,只要具备人、车、保险三要素,便可进行测试。

其二,对车内安全员和远程安全员的要求。指南要求在自动驾驶测试期间,经适当许可和培训的车内安全员和远程安全员必须满足以下要求:一是始终监督车辆,确保车辆行驶过程中遵守道路交通法规,必要时能够随时控制、接管自动驾驶汽车,并且始终保证视野的完整、清晰。二是应熟悉自动驾驶系统的功能及限制,并能够对需要控制、接管的情形有一定的预见能力。三是车内安全员和远程安全员应当经过严格的培训,并且最好有丰富的测试经验,应当熟悉自动驾驶汽车的特性,了解被测技术的能力和潜在限制。此外,测试活动的组织者也应制定有关车内安全员和远程安全员的明确规则,降低风险隐患,确保安全驾驶。总体来看,指南对测试过程中的车内安全员和远程安全员提出了较高的注意义务,对安全员的操作能力及组织者的内部管理机制也有较高的要求,表现出英国当局对道路测试持相对谨慎的态度。

其三,对自动驾驶汽车从自动向手动模式转换的相关规定,包括对自动驾驶系统应符合的要求及测试者应当履行的义务。转换系统应当便于车内安全员或远程安全员理解,确保其可以收到和理解系统指令,且确保发出的通知是清晰有效的,如有必要,允许驾驶人快速重新控制车辆。此外,测试者应当提前制定好应急预案(包括减速、紧急制动或将车辆移至安全地带等),以应对驾驶人未作出响应或响应错误的情形,尽可能降低因人为错误造成的风险。无论是在技术层面还是法律层面,自动驾驶汽车自动向手动模式的转换都是非常具有挑战性的问题,因此应当尽可能细化程序规定和相关责任人的义务内容,在保障行驶安全的同时,也为后续可能发生的交通事故的处理及相关法律责任的分担奠定基础。

三、市场准入

英国正式脱离欧盟后,其在批准车辆方式上获得了更大的自由。鉴于此,《联合报告》提出一套全面的审批和授权制度,以规范英国自动驾驶汽车的市场准入机制。主要分为以下几个阶段:

(一)审批

第一个阶段是车辆的审批。为了将自动驾驶汽车推向市场,汽车生产企业可以选择通过联合国欧洲经济委员会(UNECE)的有关车辆类型评定要求(International Systems Type Approval),也可根据英国国内的自动驾驶技术审批方案(Domestic AV Technical Approval Scheme)提出申请。此外,车辆作为一个整体还需要通过英国整车审批(GB Whole Vehicle Approval)。需要指出的是,考虑到集成车辆的所有系统是一项复杂的任务,目前的车辆审批是基于评估特定车辆或特定车辆类型中的系统,而不是独立的单个系统。因此,两个审批程序都需要确保自动驾驶系统与车辆适当结合。

(二)授权

第二个阶段是自动驾驶汽车的授权。通过审批程序的车辆虽然被允许进入英国市场,但并不改变车辆使用者的法律地位,即此时车辆使用者仍是自动驾驶汽车的第一责任人。汽车需要被监管部门授权具有自动驾驶功能,驾驶座上的人(即人类驾驶人)才能免除动态驾驶任务,自此自动驾驶汽车相关责任的承担主体才能由车辆使用者转移至汽车生产企业和系统设计者。具体而言,授权机构需要评估指定车辆内的每个自动驾驶系统功能是否完好,确定设计运行范围及其是否可以在没有负责用户的情况下被使用。

首先,授权机构必须确保每辆指定的自动驾驶汽车都能够在人类驾驶人没有监控驾驶环境或车辆的情况下安全合法地驾驶;其次,授权机构还必须判断汽车生产企业和系统设计者是否有足够的技术和资金支持来保持车辆的更新,并处理出现的任何问题。因此在授权阶段,申请者至少应提交通过批准程序的证明、安全状况报告(Safety Case)、平等影响报告(Equality Impact Statement),以及能持续履行汽车生产企业和系统设计者职责的证明等材料。

作为授权的条件,汽车生产企业和系统设计者需要承担一系列涉及车辆安全与信息披露的责任。与车辆安全有关的责任主要包括:①确保车辆安全行驶,并符合道路规则;②在必要时或在监管机构要求下进行相关更新;③告知用户和操作人员车辆的自动驾驶功能及其局限性。与信息披露有关的责任包括:①确保保险公司和用户能够获取相关车辆数据,以便能够公正公平地决定民事索赔;②按监管机构与授权机构的要求披露数据;③配合道路交通事故调查部门;④必要时与地方交通主管部门、警察和应急服务机构共享相关信息等。可以看出,监管机构对自动驾驶汽车进入市场有严格的要求,在保障自动驾驶汽车产品质量合格的基础上,重点审批其自动驾驶系统是否能够安全、正常运行。最重要的是,授权部门对汽车生产企业和系统设计者提出了较高的义务要求,不仅要求其在资金和技术方面能保证自动驾驶技术及时更新,而且要求其需承担披露信息、配合交通事故调查等义务。之所以这样规定,源于在自动驾驶汽车整个产业链中,汽车生产企业和系统设计者掌握着自动驾驶相关的最原始和完整的数据信息,自动驾驶汽车一旦进入市场开始商用,汽车生产企业和系统设计者是最大获益者,在发生道路交通事故后,其处于强势地位,因此赋予其较高的责任和义务,不仅符合公平正义原则,也有利于自动驾驶产业的长远发展。

四、上路通行

自动驾驶汽车在行驶过程中，人类驾驶人的注意义务不仅与自动驾驶功能等级密切相关，也决定了发生道路交通事故后相关责任的分配。因此，在自动驾驶模式下，人类驾驶人能做什么、不能做什么、必须做什么一直是立法的重点和难点。总体来看，英国立法经历了由审慎保守到灵活放开的过程，对接管前后人类驾驶人的义务做了具体细化的规定。

2021 年 4 月，英国交通部发布《安全使用自动车道保持系统（ALKS）：回应和后续步骤》，规定当自动驾驶汽车在正常自动驾驶时，人类驾驶人不需要负责，可以把注意力转移到别处，并允许人类驾驶人双手离开转向盘，只需在紧急时刻介入，首次将人类驾驶人从责任主体上移除。同年，英国政府发布了新的自动驾驶政策文件《互动和自动出行 2021：在英国释放自动驾驶汽车的效益》，对人类驾驶人的权利和义务做了更具体的规定。文件表示，在辅助驾驶场景下，人类驾驶人仍负担相应注意义务，从与人类驾驶人对比的角度看，自动驾驶的安全性应当达到与"胜任且谨慎的人类驾驶人"驾驶同样的水平。但在自动驾驶场景下，人类驾驶人不负担任何注意义务。2022 年 4 月，英国交通部发布最新的《公路法》修改建议，明确人类驾驶人在使用自动驾驶汽车时，可以通过汽车的车载屏幕进行娱乐（如观看电视和电影等），前提是人类驾驶人必须保持车辆行驶在一条车道上且时速低于每小时 60 千米，且人类驾驶人必须做好准备，在必要时收回对车辆的控制权。但在使用自动驾驶汽车时，使用手机仍是被禁止的行为。当汽车处于自动驾驶模式时，保险公司将对事故负责，人类驾驶人无责。此外，《联合报告》也对接管过程中人类驾驶人的义务进行了明确，指出现阶段仍需要防止人类驾驶人过度分心，因此建议禁止人类驾驶人使用移动设备或睡觉，但允许使用在接管要求开始时就会被切断的非手持屏幕。

可以看出，在自动驾驶模式下，人类驾驶人的自由度逐渐变宽，从一开始的只允许双手离开转向盘，紧急时刻必须介入，到可以观看电视、电影等，驾驶人的注意义务逐渐减轻，在一定程度上表明自动驾驶汽车的商用不要求其达到零事故、零伤亡的绝对安全,只要比普通人类驾驶人更安全即可。但应该注意的是,尽管人类驾驶人看似获得了更大的活动自由,但对自动驾驶的车速及紧急状态下的接管要求仍有较高限制,这“一严一松”的规定,也体现了政策制定者的多重考量,以在最大程度上实现保障安全与发挥自动驾驶功能之间的平衡。

五、保险和交通事故责任规制

关于自动驾驶汽车道路交通事故责任的确定,英国也经历了较长时间的探索和完善。英国于2018 年颁布的 AEV 法案将自动驾驶汽车纳入传统的机动车强制保险适用范围,确立了由保险先行赔付的基本原则。此外,《联合报告》也提议自动驾驶汽车在发生事故时,车内驾驶人无须承担任何责任,事故责任方是自动驾驶技术研发企业或汽车生产企业。关于具体责任的分配原则,当前法律并未作出明确规定,但相关部门及理论界的观点可为我们提供一定的借鉴。

(一)保险责任

AEV 法案中对自动驾驶汽车保险责任的规定可谓是对传统保险制度的一大突破,对事故发生后赔偿责任的分摊起到很好的兜底作用,不仅有利于被害人及时获得损失赔偿和救济,也为自动驾驶相关企业的发展扫清了障碍。具体而言,其主要有以下几点创新之处:

其一,AEV 法案将自动驾驶汽车纳入传统的机动车强制保险适用范围,大大扩大了机动车强制保险的覆盖范围。自动驾驶汽车在“自我驾驶(Driving themselves)”状态下,如果发生事故,根据是否投保,法案规定保险人或机动车保有人应当承担首要责任(Initial liability),其中,保险人承担责任的条件是:①自动驾驶汽车在道路或其他公共场所进行“自我驾驶”时,即自动驾驶汽车在没有人类控制,也不需要人类监控的模式下运行时,发生事故;②机动车在发生事故时已经投保;③被保险人或其他人因事故而遭受损失。机动车强制保险下保险人承担的赔偿责任是一种严格责任,不以肇事方对事故发生有过错为前提,仅在法律有明确规定时,保险人或机动车保有人可以减轻或免除责任,主要包括以下两种情况:

一是因共同过失条款减免保险人或机动车保有人的责任。具体包括:①当保险人或机动车保有人按照规定对自动驾驶汽车发生的事故承担法律责任,但事故或损害在一定程度上是由受损害方造成的情况下,根据《法律改革(混合过失)法》[*Law Reform* (*Contributory Negligence*) *Act*],可以在相应程度上减免保险人或机动车保有人的责任数额;②当事故的发生是完全由于人类驾驶人因疏忽而在不适宜的情况下允许机动车进行"自我驾驶"而导致时,保险公司或机动车保有人无须为人类驾驶人所受的损害承担法律责任。共同过失作为英国普通法上规定的责任减免事由或抗辩事由,是公平原则的体现,因为受害人不能将由自身过失所造成的损害转嫁到致害人身上。根据该原则,如果受害方对侵权后果的发生也有过错,那么将根据过错的程度相应抵减致害人的赔偿数额。虽然法案规定保险人或机动车保有人对自动驾驶汽车发生事故的责任承担不以其存在过错为前提条件,但是,受害方存在过错却可以成为责任减免的事由,即严格责任与共同过失原则是可以同时适用的。

二是违反规定更改软件、未及时更新安全软件造成的事故的保险责任豁免。AEV 法案第 4 条规定,因被保险人或第三人违反保险条款的规定,更改软件或未及时更新安全软件而造成事故的,可以免除或限制保险人的责任。具体而言,包括两种情形:①被保险人或者第三人在被保险人同意的情况下对软件做了保险条款所禁止的更改;②未能更新对安全性至关重要(Safety-critical)的软件,且被保险人明知或应知该软件更新是对安全性至关重要的。根据法案规定,所谓对安全性至关重要是指,如果没有更新该软件,将导致自动驾驶汽车的使用存在不安全性,那么该软件更新就是对安全性至关重要的。上述规定主要考虑因机动车保有人对软件进行更改或未进行安全软件更新而导致事故的情形,实际上也强化了机动车保有人更新和维护自动驾驶汽车软件的注意义务,如果违反了上述义务,则需自行承担风险,此种安排对保险公司而言是公平合理的。

其二,AEV 法案规定了保险人或机动车保有人的追偿权,且将产品责任包含在内,极大地减少了受害人的救济成本。AEV 法案第 5 条规定,在保险公司或机动车保有人依照法律对自动驾驶汽车造成的事故承担责任,且责任数额已经确定的情况下,对损害的发生负有责任的第三人需向保险公司或机动车保有人负同等责任。即当保险公司或机动车保有人对交通事故承担了首要责任后,有权向直接责任人进行追偿。值得注意的是,直接责任人包含自动驾驶汽车生产企业,即强制性保险责任将传统的产品责任覆盖在内。传统意义上的强制保险,是指保险公司对被保险机动车发生道路交通事故造成受害人的人身伤亡和财产损失,在责任限额内予以赔偿的强制性责任保险,其中保险责任并不包含由于机动车本身的缺陷导致交通事故引发的赔偿责任。但法案对机动车强制性保险责任的范围做了扩大,将产品责任也纳入其中。即在自动驾驶模式下,因机动车本身存在故障而遭受损失的受害人可以直接向保险公司索赔,而不必根据产品责任向自动驾驶汽车生产企业索赔。

AEV 法案确立的此项原则是对传统机动车强制保险责任体系的一次大胆突破和尝试。英国对机动车实行第三者责任强制保险制度,在该保险制度中,保险的对象为机动车的使用者而非车辆本身,保险公司的赔偿责任以机动车使用者对受害方负有侵权责任为前提。在自动驾驶技术出现之前,该规则足以适用。但随着技术发展,驾驶人角色逐步由人类驾驶人向人工智能系统转移,风险对象也随之转移。在自动驾驶语境中,交通事故可能不是由于人为过失而是由于车辆本身的故障造成的。在此种情况下,按照传统规则,受损害方只能通过向汽车生产企业追究产品责任,这无疑会耗费大量时间和金钱成本。此项新确立的原则将机动车强制保险责任延伸至涵盖产品责任,很好地解决了这个问题,有利于受害方得到快速、公平的救济和赔偿。据英国政府部门预测,随着时间的推移,保险公司与汽车生产企业会开发出一种快速和简单的索赔程序,而且,上述规定也不会增加保险公司向汽车生产企业索赔的难度,因为如果汽车生产企业拒绝赔偿,保险公司可以拒绝为其生产的车辆提供保险。

其三,AEV 法案将在自动驾驶交通事故中遭受损害的人类驾驶人也纳入保险范围。法案规定的损害包括任何人在自动驾驶事故中遭受的损害,这意味着,人类驾驶人的损害也被纳入赔偿范围。在自动驾驶模式下,人类驾驶人的身份已经由驾驶人转变为乘客,因此,人类驾驶人在自动驾驶模式下遭受损害的,可以直接向保险公司索赔。传统意义的机动车强制保险中,受害人的范围排除了被保险人和驾驶人,为了应对自动驾驶技术带来的挑战,AEV 法案则拓宽了被保险人的范围,这是适应自动驾驶发展的应有之义。

(二)道路交通事故责任

目前,英国在自动驾驶道路交通事故责任的分配方面并未出台相关法律,但法律委员会及相关部门对此进行了深入研究,主要以接管为分界点,分析了不同情况下道路交通事故的确定原则。

负责法典编纂的英国法律委员会认为,随着科学技术的发展,自动驾驶汽车在未来可以分为两大类,这两类自动驾驶汽车在行驶过程中发生事故的责任应分别讨论,而非生搬硬套现有的法律规则。

1. 有自动驾驶功能但依然需要人类担任主要控制者的车辆

通常情况下,应由车辆的主要控制者即人类驾驶人对车辆在运行过程中发生的事故承担过错责任,即事故的受害者应证明车辆的主要控制者在行驶过程中有过错从而导致了事故的发生,才有可能获得相应的赔偿。然而,对于有自动驾驶功能的车辆来说,它并不会在整个行驶过程中都处于自动驾驶状态,因此主要控制者在驾驶该类车辆时担任的角色以及需要承担的责任也就发生了改变。

具体而言,在车辆进入自动驾驶状态前,此时的车辆与普通车辆并无差别,因此人类驾驶人的角色及责任与普通情况下一样,应该确认车辆以及路面的状况,以确保车辆能够安全运行。在这一过程中发生的任何事故,如果是由于人类驾驶人的过错引起的,也应由其承担责任。但对于进入自动驾驶状态后的车辆,法律委员会提出了以下建议:由于人类驾驶人已不再需要实时操控车辆的运行,如果此时车辆发生事故,那么人类驾驶人可以获得相应的刑事或民事责任的豁免。需要注意的是,一旦人类驾驶人对车辆的自动驾驶系统进行更改或干涉,导致车辆发生事故,那么责任将由人类驾驶人承担,因为此时的过错方就不再是车辆本身,而是人类驾驶人。

另外,虽然在车辆的行驶过程中,人类驾驶人一般无须承担相应的事故责任,但法律委员会认为，对于一些非动态驾驶任务，人类驾驶人如果未满足“理性正常人”的注意义务标准，则其依然需要承担责任。例如，在行驶过程中，人类驾驶人应确保儿童已系好安全带或已佩戴好其他安全设备；事故发生后，应及时联系保险公司和交警等。这一责任来源于1988年《道路交通法》第40A条：“以危险的方式驾驶车辆的任何个人需对车辆运行过程中发生的事故承担相应刑事责任。”同时，法律委员会还提出，当车辆遇到自动驾驶系统无法处理的问题时，车辆应向人类驾驶人发出“过渡需求”的提示，要求接管驾驶。如果该提示足够明显且提示时间足够长，而人类驾驶人又忽视了该提示，那么他将对提示结束后的任何交通事故承担过错责任。

《联合报告》也对人类驾驶人接管后或不能接管时的刑事责任做了说明，其规定：①在完成移交后，无论是响应接管要求还是主动接管，人类驾驶人承担普通驾驶人的所有责任。同时，报告指出，不应对人类驾驶人提出不合理的高要求，建议人类驾驶人就接管后短时间内所触犯的任何驾驶罪行作出特别抗辩。如果他们的驾驶行为没有低于合格且谨慎的驾驶人的合理预期标准，则抗辩应适用。②自动驾驶汽车发出预警时，人类驾驶人可能无法及时响应接管要求，虽然车辆将以特定程序降低风险，但也可能不是完全安全的。不响应接管要求本身并不构成刑事犯罪，若车辆能安全且合法地停泊在路边，便不会触犯法例；此外，对于因突发医疗紧急情况（如心脏病发作或中风）而无法响应接管要求的驾驶人，应明确免除刑事责任。

2. 在自动驾驶状态下完全不需要人类担任主要控制者的车辆

该类自动驾驶汽车在行驶过程中并不需要人类在车辆内部对其进行操控，而是由经过认证的自动驾驶系统运营商操作者通过远程的控制中心来操控。因此，法律委员会建议，这类车辆的事故责任将由自动驾驶系统运营商承担。

自动驾驶系统运营商必须为有良好声誉并且财力雄厚的企业，企业需要向相关监管部门充分证明他们能够与行驶状态中的车辆保持良好的连接、提供合适的设备、配备训练有素的员工等。只有在获得相关监管部门的认可后，企业才能认证成为合格的自动驾驶系统运营商。自动驾驶系统运营商通常会通过远程的控制中心对车辆进行监管。该类监管并不要求自动驾驶系统运营商时刻关注车辆的运行环境,自动驾驶系统运营商只需要在车辆遇到无法自行处理的情况下作出反应即可。在车辆正常运行的情况下,自动驾驶系统运营商的责任仅限于确保车辆与控制中心有良好的通信;事故发生后,自动驾驶系统运营商则需要及时采取措施控制局面,比如与车上的乘客沟通、呼叫紧急服务、向保险公司报告事故等。

由于自动驾驶系统运营商的概念较新,法律委员会暂未制定出一个完整的自动驾驶系统运营商认证机制,但可以预见的是,如果法律委员会的建议被英国政府正式通过,英国未来会出台至少一个灵活的认证机制以合理划分自动驾驶系统运营商在事故中的责任。

六、网络安全

科学技术的每一次进步都会引发网络安全风险的全方位升级。随着自动驾驶技术的不断发展和商业化应用步伐的不断加快,智能化和网联化将实现完全融合,车网融为一体。在自动驾驶汽车的设计、生产、使用和退出的全周期,每个环节都会与网络安全发生千丝万缕的联系,隐私泄露、黑客攻击等网络安全问题都是对公民权益和社会秩序的严重威胁和挑战,因此,关于信息和网络风险的法律规制显得尤为重要。英国历来重视自动驾驶系统运行过程中的信息保护和网络安全,并出台了多个文件和标准不断细化相关主体的安全保障义务。2017 年 8 月,英国交通部和国家基础设施保护中心发布《联网和自动驾驶汽车网络安全关键原则》,将网络安全责任拓展到汽车供应链上的每一方主体,比如第三方承包商,此外,要求将网络安全议题考虑在汽车全生命周期内,即使遭到网络攻击,也要保证车辆安全运行的基本功能可正常使用。2019 年 1 月,英国标准学会发布《自动驾驶网络安全标准》,英国由此成为首个发布此类标准的国家。此项标准旨在帮助自动驾驶生态系统内的各方参与者更好地提升车辆网络安全性及智能交通系统的安全性。总的来说,英国关于网络安全的立法体现出以下特点:

1. 坚持全过程监管

在设计、研发、生产、使用的全过程,自动驾驶技术都涉及网络安全风险。随着技术的进步,网络安全风险不是传导式,而是倍增式发展,必须遵循全过程监管的模式。英国《联网和自动驾驶汽车网络安全关键原则》明确规定:供应环节对安全风险进行恰当的、合比例的评估与管理;通过产品售后服务、处理应急事件来保证系统在全周期的安全性;所有组织(包括分包商、供应商和潜在第三方在内)应共同提升系统的安全性;在整个生命周期管理所有软件的安全性。借此,通过组织系统、责任划分的方式管理全过程的网络安全风险。可以看出,英国对网络安全的监管覆盖了供应、销售、售后、软件开发等多个环节,将保障安全的义务平摊给供应商、整车制造与生产企业、软件开发商、电信运营商等多个主体,将网络安全保障贯穿于自动驾驶的整个环节,将网络安全风险降到最低。

2. 坚持组织化规制

当前自动驾驶汽车网络安全在规制主体上更着眼于开发企业内部的自我规制,通过企业内部组织化措施来防范风险扩散。如欧盟要求自动驾驶汽车的设计者、生产者和使用者在企业内部建立专门的网络安全专家团队和信息安全管理系统,以评估自动驾驶系统遭遇网络威胁的类型。英国《联网和自动驾驶汽车网络安全关键原则》也规定了内部的组织架构,董事会级别负责系统安全的建立、管理及提升。这些措施着眼全过程的安全制度设计,为企业开展研发活动提供了较好参照,有利于尽早发现自动驾驶汽车面临的安全隐患,提升处置和应对风险的能力。

3. 重视技术化措施

作为新技术的自动驾驶汽车本身旨在解决技术难题,技术化措施的升级无疑是最有效的防范方法。英国政府要求:各供应环节对安全风险进行恰当的、合比例的评估与管理;通过产品售后服务、处理应急事件来保证系统在全周期的安全性;系统采用深度防御设计;在整个生命周期管理所有软件的安全性;数据存储和传输是安全、可控的;系统能够抵御攻击,能在防护措施或传感器故障时作出适当响应。

英国关于网络安全的法律规定可为我国提供以下借鉴:一是完善自动驾驶网络安全法规和标准体系。我国没有专门的法律规范自动驾驶汽车网络安全。2023 年

7 月，工业和信息化部、国家标准化管理委员会印发《国家车联网产业标准体系建设指南(智能网联汽车)(2023 版)》，明确要加大在网络安全领域的标准研制力度，将汽车网络安全防护等级划分、网络安全与数据安全通用规范等作为智能网联汽车标准建设重点方向。《中华人民共和国网络安全法》关注对网络空间数据的保护，要求：网络运营商应采取数据分类、重要数据备份和加密等措施；防止网络数据泄露或者被窃取、篡改；关键信息基础设施的运营商应采取数据容灾备份措施，并在境内存储。数据信息过于庞大，不是所有信息都是法律规制的对象，必然只有经过选择的数据才能被纳入监管范围。当前，对于自动驾驶系统内部的数据，并没有明确的分类分级，相关主体的义务也没有明确具体的规定，建议我国在当前法律体系的基础上，对自动驾驶系统网络安全、数据安全等内容进行明确规定，包括网络安全的监管主体、涉及的环节、各责任主体应当履行的义务和采取的必要措施、受害人的救济赔偿途径及惩罚措施等。二是自动驾驶企业内部应当建立科学有效的安全管理体制。网络安全维护与保障是当前自动驾驶企业必须承担的主体责任。当前，自动驾驶研发企业内部更多的是注重软硬件的开发，缺乏专门的网络安全团队，建议企业内部组建网络安全团队，分层分级，落实责任，安全人员应具备专业知识和应变处置能力，关注自动驾驶系统维护、事故数据分析、日常监控、紧急处置等多个方面，强化企业的风险防范意识。

第八章　国外立法经验的借鉴与启示

自动驾驶汽车作为信息化、智能化时代的产物,虽然不同企业有各自的技术方向和实现路径,但从技术原理和产业链结构的角度来说,可谓“本是同根生”,各国自动驾驶产业发展的共性多于个性,经验多于分歧。在总结学习了美国、德国、法国、日本、英国的立法、管理经验后,本书的目光也需要落回到我国自身的自动驾驶汽车法律规范体系建设上来。我国的自动驾驶汽车法律规范体系有其独到之处,尤其是在交通违法处理、事故处理等方面,法律制度的建设进展和完善程度有力保障了国内测试与示范运营的推进和落地。但综合来看,整体尚处于探索阶段,从宏观规划到微观规则均存在一定不足。通过对比分析,有助于从国外优秀立法经验当中萃取精华、总结经验、吸收借鉴,给我国自动驾驶汽车法律规范体系建设提供新的启示。

一、战略发展和整体规划

自动驾驶汽车作为一种新兴产业,在可持续发展前景上仍会遇到诸多的不确定性,为了引导产业有效控制和化解风险,实现良性发展,提振企业发展信心,一些国家将确立自动驾驶汽车发展的基本原则作为重要的规范内容。如美国运输部以连续多年发布政策性报告的方式,不断对美国的自动驾驶技术发展原则予以调整、补充和完善。从中不但可以看出美国自动驾驶发展战略在一定时期的重心,也可以归纳出美国政府对自动驾驶产业发展整体的政策导向。日本国土交通省从2017年开始持续发布《日本关于自动驾驶的主要方针》,内容既包括政府制定的投资战略、民间组织构想的路线图等远期目标,也包括对现阶段发展成果的总结和展望。目前,我国在规范性文件中,一般习惯以概括性的文字表述对产业发展持支持性态度,但是对产业发展原则没有进行系统性论述,在政策法规方面的管理思路和价值取向需要通过对具体条文的解读方能进行归纳总结。因此,我国可以参考其他国家的经验,在宏观层面上明确产业发展的整体原则,并以适当方式予以解释,为我国自动驾驶产业发展提供较为清晰的发展导向。

此外需要注意的是,自动驾驶技术本身就正处于不断发展变化的时期,整体技术模式尚未完全定型,因此,在制定产业规划时,既要考虑政策的可持续性和可期待性,也需要审时度势、因地制宜,及时调整战略方向。比如在自动驾驶技术发展早期,一些国家认为自动驾驶技术是辅助驾驶的进阶版本,需要等待辅助驾驶技术发展成熟并在实践中取得良好效果才能向下一个阶段过渡。但是从目前的发展形势来看,从辅助驾驶到自动驾驶并不一定是线性累积的过程,这两种驾驶模式虽然在技术上具有一定的承接和迭代关系,但是在应用场景和管理模式上存在根本区别,完全可以同步发展、同步推进。

二、政府监督和产业落地

自动驾驶汽车规范化管理一方面涉及国家各部委之间的职责分工问题,另一方面也涉及中央立法和地方立法之间的配合与协调。从比较法视角来看,比较典型的有日本模式和美国模式。日本是由内阁内统一的领导机构统筹制定战略规划,并将涉及自动驾驶汽车管理的各项工作具体交给对应的职能部门,各部门依据确定的职责划分开展工作。而美国则由一个政府部门(具体而言是美国运输部及其下属的美国国家公路交通安全管理局)负责自动驾驶汽车管理的整体工作,并由该部门负总体责任,在涉及其他部门职责或者需要配合时,再由该部门联系其他部门进行配合。目前,我国不同部委之间的规范思路和监管模式尚未完全形成统一,各部委更多是根据本部门职能对自动驾驶汽车的某一方面事项进行规范和管理,如交通运输部主要关注自动驾驶技术的应用问题,工业和信息化部主要关注智能网联汽车的生产和准入，公安部主要关注智能网联汽车的车辆管理及道路交通安全、网络安全问题，自然资源部主要关注高精度地图的测绘问题。从各国立法经验来看，自动驾驶汽车规范管理需要较强的专业性、统一性与综合性，如果能够以部门法、行业法的模式在自动驾驶领域形成统一的规范管理体系，无疑将有效提升管理能力与管理水平，助力产业发展。

自动驾驶是一项应用技术，在经济发展和创业创新高度追求效率的今天，自动驾驶技术形成产业落地与商业转化的效率很大程度上取决于地方政府对自动驾驶汽车产业发展的态度。相较于世界其他国家，我国自动驾驶汽车地方立法和管理具有一定的特殊性，一是不同地区的立法权不同，如省、自治区、直辖市、特别行政区等行政区划单位，各自享有不同程度的地方立法权限，对自动驾驶汽车能够予以规范或突破上位法规定进行制度创新的空间各不相同。例如拥有经济特区特别立法权的深圳、上海浦东等地，针对无人驾驶或高度自动驾驶所做的一些制度创新难以为其他城市所效仿。二是不同地区的自动驾驶支柱企业的发展需求不同。一些地区以整车生产企业为主，偏向于在生产准入之后将自动驾驶汽车作为消费品进行销售；另一些地区以互联网企业或创新型企业为主，偏向于以自动驾驶出租汽车等模式进行商业化运营服务，这也会影响当地政府在制定自动驾驶发展政策时的价值导向。

因此，避免地方立法与中央立法、地方立法与地方立法之间产生冲突是保障自动驾驶政策一致性的重要条件。观察美国的经验不难发现，优先权方面的问题关系联邦法律的统一性，统一的联邦法律能够帮助更多的汽车在州与州之间穿梭，而不是某州生产的汽车仅能在一州行驶。有关这些汽车的设计、生产制造或性能的各州地方法律会产生阻止这些汽车跨越州界、使用州际公路等问题，同时，因为落地上路缺乏地方统一性，更会阻碍美国对未来汽车技术的投资，这也包括对高度自动驾驶相关的基础设施投资。正如立法委员会在发言中所强调的，汽车企业和相关技术部件生产企业正在密切关注州和联邦的立法活动，以决定其在美国和其他国家的研究和开发投资活动。美国政府目前也认识到了这一问题带来的不利影响，并致力于理顺联邦与州之间的管辖关系，即由联邦政府负责制定自动驾驶汽车准入标准等具有普适作用的自动驾驶规范管理基本原则，并确定不同自动驾驶级别下的车辆安全性标准，再由各州根据实际情况决定对于自动驾驶技术的开放程度和实践阶段，并制定相应的具体细则。

同时，也可以允许自动驾驶产业落地城市根据自身的发展需要制定个性化的管理政策。对于一些在自动驾驶方面有特别需求的城市，如港口城市对无人物流的需求较大，旅游城市是无人班线客运发展较好的地区，则可以考虑针对这些城市予以适当的豁免或特别许可，允许其在政策上进行一定程度的突破。

三、测试验证与准入登记

一是相关标准体系的建设。我国应尽快建设形成完整统一的自动驾驶标准体系，围绕自动驾驶汽车多场景应用，推动组合驾驶辅助、自动泊车、自动驾驶等重点功能的标准制定工作，加强关键技术研究和试验验证工作。同时，我国还应积极开展标准体系与法律法规的衔接工作。尤其是道路交通安全法律法规中关于通行规则、事故处理要求等方面的内容，需要在自动驾驶汽车相关标准中予以充分体现，以保证自动驾驶汽车在上路通行过程中具有充分的交规符合性。

二是技术豁免制度的运用。目前我国一些自动驾驶技术相关产品还存在准入困难的情形，如自动配送车等无人物流配送车辆，因为不符合机动车技术标准而难以迈入准入门槛，一些在普通机动车基础上改装而成的自动驾驶汽车同样面临着无法正式进入试点准入范围的问题。对于此类不符合我国现行机动车技术标准的车型，本着促进技术进步的考量，不应简单地以不符合现行机动车技术标准或者传统机动车整车准入登记要求为由一概对其拒绝准入。在这一方面可以参考美国、德国、新加坡等国的规定，在符合自动驾驶汽车安全性标准且通过安全性审查的情况下，可对其上路测试资格予以适当豁免。

三是测试成果的互认。世界各国在推进自动驾驶汽车测试验证与准入登记管理的过程中，形成了许多值得借鉴的经验与教训。其中很重要的一点是自动驾驶汽车测试验证结果的互信与互认。在自动驾驶技术发展初期，不同国家或同一国家不同州、不同测试场之间由于道路测试的标准、系统和测试项不同，且缺乏互信机制，有时存在一地进行的道路测试结果不能在另一地互认的情况。此种情况下，同一型号的自动驾驶汽车必须在不同地区反复测试、反复验证，从而导致测试成本大幅增加。从各国管理经验来看，可以采取的方法有两种：一是出台统一的规范要求和道路测试标准，进一步推动国内国际测试结果的互认互信，二是由企业自证安全。在自动驾驶汽车已经开展了异地测试的基础上，管理部门可以要求自动驾驶企业针对道路测试和车辆安全提供自我安全性声明和自我审查报告。对于企业提供的自我经审查认为不存在问题的，可以将其作为信赖其技术可靠性的依据，准予其进一步开展上路通行活动。自动驾驶汽车存在安全性缺陷，或经审查发现企业提供的报告、证明材料存在虚假情形的，可以从严追究自动驾驶汽车企业的法律责任。

四、上路通行与商业化

上路通行方面，目前世界范围内争论最激烈、行业最关注、立法差异最大的无疑是人机驾驶权的分配问题，具体而言就是驾驶人（使用者）义务（主要基于 L3 级别）和主驾无人（主要基于 L4 级别）的可行性问题。对于驾驶人（使用者）义务，德国要求技术监督员是能够根据法律规定停用机动车并根据法律规定对该机动车进行驾驶操作的自然人。但是对于技术监督员的身份，德国《自动驾驶法》并没有严格要求其必须位于驾驶座位上。美国佛罗里达州规定，在开启自动驾驶系统时，自动驾驶系统（而不是人）被视为自动驾驶汽车的操作员。当远程操作系统接合并满足某些要求时，配备远程操作系统的自主或全自动驾驶汽车可以在没有人工操作员的情况下运行。而我国目前在试点使用阶段采取的是最严格的“车内驾驶人全程监控 + 后台监测”的双监控模式，要求上路通行过程中，车内安全员应当处于车辆驾驶座位上，在自动驾驶功能激活状态下，监控车辆运行状态及周围环境，当系统提示需要人工操作或者发现车辆处于不适合自动驾驶的状态时，及时接管车辆并采取相应措施。此外，相关企业还需配备运行安全监测平台，并安排安全监控人员对试点车辆安全运行状态进行实时监测。在发现需要接管的情形时，按照应急预案及时发出预警，提示车内安全员接管车辆并采取相应措施。从实践来看，能够进入试点准入阶段的车型已经累积了大量的测试里程，完成了相应测试，其安全性已经有一定程度的保证，如果能够顺利通过试点准入，表明其在安全性和可靠性上已经能够胜任正常的上路通行活动，在驾驶人义务上可以予以放宽，例如不要求驾驶人实时监控车辆运行状态及周围环境，仅在系统提示接管时予以介入等。

商业化方面，通过研究《日本ITS与自动驾驶构想和路线图2020》等报告可以发现，日本政府仔细研究了日本未来交通对于自动驾驶的需求，并细化出以私家车为主的中等规模城市、公共交通普及的中等规模城市、大规模城市等五个应用场景，对不同场景下的自动驾驶技术发展需求都进行了深入分析，分析指标涉及人口、年龄结构、经济、环境、交通事故率等，而且还能够逐年进行总结与更新。目前，我国的产业研究报告主要由企业、智库、行业协会、研究机构等组织发布，且更多地集中于产业发展的宏观目标与未来规划，发展指标往往集中于测试里程、投放数量、牌照数量等硬指标，从发布主体上看稍欠指导意义，从可执行性上看过于笼统，没有考虑具体应用场景下的个性化发展需求和国计民生各方面对自动驾驶产业发展的潜在影响。在这一方面，日本政府制定立法规划和产业构想路线图的工作可以为我国提供有益参考。

此外，美国还要求自动驾驶汽车企业在运营过程中承担一些负担性义务，如不得过度宣传，保障老年人、残疾人等弱势交通群体的义务，通过教育宣传增进社会对于自动驾驶汽车的了解等。我国对此也可以借鉴。

五、交通违法与事故责任

关于交通违法方面，各国关注的重点各不相同，对于交通违法行为采取的应对措施也存在差异。例如，德国《自动驾驶法》规定系统一旦判断车辆即将发生交通违法行为，应当进入最小风险状态寻求技术监督者的接管。美国亚拉巴马州则允许配备远程操作系统的商业机动车辆可在远程驾驶人操作车辆且无须传统驾驶人实际在车辆中的情况下运行，但是，远程驾驶人需对任何违反道路规则或亚拉巴马州刑法的行为负责。由此可见，由人类驾驶人（操作人员）对交通违法行为承担责任仍然是目前针对L3级别自动驾驶汽车较为普遍的处理方法。我国对于试点准入阶段自动驾驶汽车的交通违法行为,采用的是分类处理的方法,即首先区分交通违法行为发生的原因,对于因车内安全员原因导致的,由车内安全员承担责任;对于因系统原因导致的,则对特定车辆违法次数与性质进行累积,达到一定条件的,将对自动驾驶汽车企业作出暂停或退出试点的处理。综合来看,这一处理规则在因果关系认定方面具有相当的科学性,或许能较好地约束车内安全员和自动驾驶汽车企业的行为。然而该处理规则仅能适用于试点准入阶段,对于自动驾驶汽车真正实现上路通行后的交通违法行为应当如何约束,还需要继续探索。

事故责任方面,目前我国自动驾驶汽车交通事故的赔偿责任追究以及相配套的保险体系尚不明晰。在一场自动驾驶汽车交通事故中,交通事故相对方可能对自动驾驶汽车缺乏认识,没有能力去探究查证自动驾驶汽车发生事故的原因,如果要求相对方越过车辆使用人、保有人向对事故负有责任的整车生产企业、自动驾驶系统设计方、设备提供方等主体追偿,这将明显增大事故相对方的维权难度。对于事故责任赔偿规则和保险责任体系的建立,需要在科学考虑因果关系的情况下综合考虑效率、公平等因素。

从日本经验来看,我国保险业可以参考日本一些保险公司的做法,推出自动驾驶汽车路测险种。日本爱和谊日生同和财产保险公司、三井住友海上火灾保险公司曾于2017年4月联合推出一款新型保险产品,为自动驾驶汽车路测中可能出现的意外提供保障,即如果查明事故是由自动驾驶系统缺陷造成的,该保险仍会对事故受害人提供赔偿,在一定程度上分担了申请路测方的风险,将促进自动驾驶汽车路测发展进程。

从美国经验来看,可以针对自动驾驶汽车数据及网络安全隐患研制相关保障险种。如美国运输部、美国国家公路交通安全管理局及联邦调查局,联合对汽车生产企业发布约束警告,为规避自动驾驶汽车面临的未经授权的远端访问风险,汽车生产企业需与保险公司合作,在自动驾驶技术未完善时期,通过网络安全险为汽车生产企业及驾驶人提供保障。此外,还可以在自动驾驶L2级别与L3级别广泛应用基于使用量而定保费的车险模式（UBI），该模式可根据驾驶人行为及车辆使用情况数据来判定保费，保费优惠可促使车辆使用者在出现紧急情况时及时进行人为干预，以减少事故，并增强消费者对自动驾驶汽车的信心。

从德国经验来看，可以进一步提高赔偿金额上限，针对自动驾驶事故的赔偿数额，对车辆所有人设置了高于普通事故的最高赔偿额度。根据德国《道路交通法》第 12 条第 1 款的最新修改，因自动驾驶造成的人员伤亡和财产损失的最高赔偿限额分别提高到 1000 万欧元与 200 万欧元，为普通情形下的 2 倍。为充分保护受害人，《自动驾驶法》第 1 条第 2 款至第 5 款对《道路交通法》的已有规定做了补充。依据《道路交通法》第 8 条第 1 款，如果事故是由行驶时速不超过 20 千米的机动车或其拖车造成的，车辆保有人无须承担事故责任。在新法准允的无人驾驶汽车上路情形中，由于无从追究驾驶人责任，如果依据旧法，继续豁免车辆保有人责任，会使受害人陷入追责无门的境地。因此，新法补充了车辆保有人责任豁免的例外情况，确保车辆保有人的危险责任无一例外适用于所有自动驾驶汽车，包括拖车且不限车速。此外，新法还将已经适用于高度自动驾驶和完全自动驾驶汽车的双倍最高责任金额（第 12 条第 1 款）延至无人驾驶汽车。

结　语

纵观自动驾驶汽车技术兴起之浪潮,自动驾驶汽车产业一直处在“变”与“不变”的辩证发展过程当中。变的是自动驾驶行业日新月异的应用场景和技术创新,不变的是自动驾驶产业集群蓬勃发展的良好形势和国家支持智慧交通建设的决心与信心。正如习近平总书记所强调的:“人工智能是新一轮科技革命和产业变革的重要驱动力量,加快发展新一代人工智能是事关我国能否抓住新一轮科技革命和产业变革机遇的战略问题。”“加快发展新一代人工智能是我们赢得全球科技竞争主动权的重要战略抓手,是推动我国科技跨越发展、产业优化升级、生产力整体跃升的重要战略资源。”2018 年 10 月 31 日,习近平总书记主持中共中央政治局第九次集体学习,强调必须加强研判,统筹谋划,协同创新,稳步推进,把增强原创能力作为重点,以关键核心技术为主攻方向,夯实新一代人工智能发展的基础;加强人工智能和产业发展融合,为高质量发展提供新动能;加强人工智能同保障和改善民生的结合,从保障和改善民生、为人民创造美好生活的需要出发,推动人工智能在人们日常工作、学习、生活中的深度运用,创造更加智能的工作方式和生活方式。[1]

[1] 《习近平在中共中央政治局第九次集体学习时强调　加强领导做好规划明确任务夯实基础　推动我国新一代人工智能健康发展》,《人民日报》2018 年 11 月 1 日。

值此百年未有之变局，我们既要效法国际，放眼寰球，博采世界立法之众长；又要立足本土，为我所用，补齐短板迎头赶上。相信在不久的将来，经过充分的学习借鉴和长期的实践验证，我国自动驾驶汽车法律规范体系可以作为自动驾驶汽车法律规范体系的独特样本，为世界自动驾驶汽车产业发展提供中国智慧和中国经验。

参 考 文 献

[1] 汪全胜,宋琳璘. 无人驾驶汽车与我国道路交通安全法律制度的完善[J]. 中国人民公安大学学报(社会科学版),2020,36(3):107-115.

[2] 刘宪权. 涉智能网联汽车犯罪的刑法理论与适用[J]. 东方法学,2022(1):53-65.

[3] 冯爱文. "L3"模式下自动驾驶汽车交通事故的刑事责任分析[D]. 长春:吉林大学,2020.

[4] 李克强,戴一凡,李升波,等. 智能网联汽车(ICV)技术的发展现状及趋势[J]. 汽车安全与节能学报,2017,8(1):1-14.

[5] LIMA D. Could AI agents be held criminally liable: artificial intelligence and the challenges for criminal law[J]. South Carolina Law Review, 2018, 69(3): 678-688.

[6] 张韬略,钱榕. 迈入无人驾驶时代的德国道路交通法——德国《自动驾驶法》的探索与启示[J]. 德国研究,2022,27(1):85-101,132.

[7] 童生华. 日本自动驾驶产业发展及监管规制分析[C]//中国标准化协会. 第十七届中国标准化论坛论文集. 北京:《中国学术期刊(光盘版)》电子杂志社有限公司,2020.

[8] 张韬略. 自动驾驶汽车道路测试安全制度分析:中日立法的比较[J]. 科技与法律,2019,140(4):73-82.

[9] 申杨柳,朱一方.日本自动驾驶汽车管理体系研究及对我国的启示[J].汽车与配件,2019,1268(22):62-63.

[10] 孙正良.英国自动驾驶汽车道路测试法规简介[J].汽车与安全,2016,223(7):70-72.

[11] 曹建峰,张嫣红.《英国自动与电动汽车法案》评述:自动驾驶汽车保险和责任规则的革新[J].信息安全与通信保密,2018,298(10):66-73.

[12] 李若兰.自动驾驶汽车网络安全的法律规制[J].行政管理改革,2019,122(10):43-49.

附录1　德国《道路交通法（第八修正案）》[1]

经联邦参议院附准，联邦议会决议通过下列法律：

第一条　本修正案于2017年6月11日通过，兹修订如下：

一、在第1条后增加第1a条、第1b条和第1c条，内容如下：

第1a条　具有高度或完全自动驾驶功能的机动车

（1）若按规定使用高度或完全自动驾驶功能，则允许使用该等功能驾驶机动车。

（2）本法意义上的具有高度或完全自动驾驶功能的机动车，是指具有下列技术装备的车辆：

1. 该等技术装备可以在启动后操纵相关机动车完成驾驶任务，包括纵向行驶和横向行驶；

2. 该等技术装备在高度或完全自动操纵机动车时可以符合机动车驾驶的交通法律法规、规范要求；

3. 驾驶人可以随时手动取代或关闭该等技术装备；

4. 该等技术装备可以识别需要驾驶人亲自驾驶机动车的情形；

5. 该等技术装备可以在向驾驶人移交机动车控制权之前，在足够的时间内以视觉、声觉、触觉或其他可感知方式提示驾驶人亲自操纵机动车的必要性；

6. 该等技术装备能够对违反操作规范和使用说明的行为进行提示。

[1] 注：附录部分为原文翻译，限于作者水平有限，仅供参考，余下同。

该等机动车的生产企业应当在操作规范和使用说明中以有约束力的方式声明，该机动车符合本款所列条件。

（3）前两款规定仅适用于按照第1条第1款获得许可、符合第2款第1项所含指标，且其高度或完全自动驾驶功能符合下列规定的机动车：

1.符合国际条约、法律规定且符合该等规定；

2.已经按照欧洲议会和欧盟理事会2007年9月5日关于制定机动车、拖车以及该等车辆的系统、部件和独立技术单元的批准框架的2007/46/EG号指令（简称"框架指令"）（欧盟公报法令分册2007年10月9日第263号，第1页）获颁型号许可。

启动第2款意义上的高度或完全自动驾驶功能并使用其操纵车辆的人亦为驾驶人，即使其在按规定使用该等功能时不亲自操纵车辆。

第1b条 使用高度或完全自动驾驶功能时，驾驶人的权利和义务：

（1）当驾驶人按照第1a条的规定使用高度或完全自动驾驶功能驾驶车辆时，驾驶人可脱离对交通状况的高度关注和对车辆的实时控制；但其必须同时保持清醒戒备状态，以便随时履行第2款规定的义务。

（2）在下列情况下，驾驶人有义务立刻重新接管对车辆的控制：

1.当高度或完全自动驾驶系统要求其进行接管时；

2.当其发现或者由于明显的情况而应当发现按规定使用高度或完全自动驾驶功能的条件不再具备时。

第1c条 评估

联邦交通和电子基础设施部应于2019年后在科学的基础上对本修正案（联邦法律公报第一部分第1648页）第一条的适用情况进行评估，联邦政府应向联邦议会报告评估的结果。

1.第6条修订如下：

a）第1款第14项后加入第14a项，内容如下：

14a.在通过建筑或其他与公共道路空间分隔开，并且仅可通过专门出入通道到达和离开的停车场地时，可以在有权支配人许可的情况下使用低速区间无人停车系统。

b)第4款后加入第4a款,内容如下:

(4a)以第1款第1项、第2项或者第3项为基础的法规亦可颁行,若其对于规范具有高度或完全自动驾驶功能的机动车参与道路交通产生的特殊要求确属必要。

2. 第12条第1款修订如下:

a)第1项中“500万欧元”后分号改为逗号,并加入下列内容:

如在按第1a条的规定使用高度或完全自动驾驶功能的情况下导致损害的,总额最高不超过1000万欧元;

b)第2项中句号改为逗号,并在“欧元”一词后加入下列内容:

如在按第1a条的规定使用高度或完全自动驾驶功能的情况下导致损害的,总额最高不超过200万欧元。

3. 第32条第1款修订如下:

a)第6项中“以及”一词改为逗号。

b)第7项中结尾处的句号删掉并加入“以及”一词。

c)加入第8项,内容如下:

8. 按照本法或者以本法为基础的其他法规执行具有高度或完全自动驾驶功能机动车的数据处理措施。

二、第六章后加入第六a章,内容如下:

第六a章　机动车中的数据处理

第63a条　具有高度或完全自动驾驶功能的机动车的数据处理

(1)当自动驾驶汽车驾驶模式在人工和高度或完全自动驾驶系统之间进行切换时,第1a条规定的车辆应存储通过卫星导航系统确定的位置和时间信息。当系统要求驾驶人接管对车辆的控制或者系统发生技术故障时,也应存储上述数据。

(2)应按照各州法律规定的道路交通违法行为主管部门的要求,向其报送根据第1款规定存储的数据。该等机关有权存储和使用报送的数据。报送的数据应以对有关机关启动调查程序而言确属必要为限。个人数据处理的一般规定不受上述规定影响。

(3)在下列情况下,机动车保有人应当向第三人传送按第1款规定存储的数据:

1.使用该等数据,是第三人行使基于第7条第1款规定的事件而产生的法律请求权,或者对该等请求权作出抗辩所必需的;

2.如果自动驾驶汽车参与了该事件,第2款第3项应予适用。

(4)按照第1款规定存储的数据应在6个月后删除。如果该机动车参与了第7条第1款规定的事件,则存储期限延长至3年。

(5)如果发生了第7条第1款规定的事件,则按照第1款规定存储的数据可以以进行事故调查为目的,以匿名形式向第三方传送。

第63b条　授权基础

兹授权联邦交通和数字基础设施部,在与联邦数据保护与信息自由专员协商一致后,为执行第63a条,制定关于下列事宜的法规:

1.存储媒介的技术形式和位置,以及按照第63a条第1款的要求对数据进行存储的具体方法;

2.第63a条第1款规定的数据存储义务人的具体范围;

3.在机动车出售时,为了使所存储数据不受未经授权的采集和传输,应当采取的保护措施。

按本条第1款规定制定的法规应在公布前报知德意志联邦议会。

第二条　生效

本法于公布后之日生效。

兹签发前列法律。付联邦法律公报公布。

柏林,2017年6月16日

附录2　德国《自动驾驶汽车准入和运营条例》

自动驾驶汽车在特定区域内的审批和运营

第1条　适用范围、主要事项和定义

(1)本条例适用于:

1.在《道路交通法》第1d至1h条的含义范围内对具有欧盟法意义上的自动驾驶功能的机动车进行的操作。

2.根据《道路交通法》的规定,对在公共道路上使用的机动车进行登记。

3.根据《道路交通法》第1i条规定,测试自动驾驶功能。

(2)本条例规定的主要事项包括:

1.为自动驾驶汽车发放运营许可证,以及为可以在车辆上路后启动的自动驾驶系统发放许可证。

2.批准自动驾驶汽车的运行范围。

3.批准自动驾驶汽车上路通行。

4.对已获得或将获得本条例规定的运营许可的自动驾驶汽车、可以在车辆上路后启动的自动驾驶系统和机动车车辆部件进行监督。

5.对自动驾驶汽车的制造商、保有人和技术监督者的要求和义务,如根据《道路交通法》第1f条的规定,对自动驾驶汽车在特定运行范围内的行为进行监管。

(3)除非本条例明确规定由联邦汽车运输管理局管辖,否则本条例所称的主管部门,指的是根据州法律获得权限的部门,即根据联邦法律有权限行使修路权的部门和负责各自公共道路或联邦主干道的部门。

(4)下列规定适用于本条例:欧洲议会和理事会2018年5月30日关于机动车及其拖车,以及用于此类车辆的系统、部件和独立技术单元的审批和关于市场监督的(EU)2018/858号条例的规定,(EU)2021/1445号条例关于车辆单独技术单元的规定。前述条例是对(EC)第715/2007号和(EC)第595/2009号条例的修订,同时宣告了第2007/46/EC号条例的废止。

(5)《道路交通法》第1k条的规定不受影响。

第2条 对可以在车辆上路后启动的自动驾驶系统和自动驾驶汽车型号进行批准的范围

(1)在公共道路的特定区域内操作自动驾驶汽车,需要获得联邦汽车运输管理局根据第4条第1款颁发的操作许可证。

(2)《道路交通许可条例》第20条第1款、第3款和第3a项应参照适用于对自动驾驶汽车的一般型号的批准。

(3)根据《道路交通法》第1h条第2款,在符合第4条第5款、第6款规定的情况下,应对可以在车辆上路后启动的自动驾驶系统予以批准。

第3条 制造商申请经营许可

(1)制造商应向联邦汽车运输管理局申请自动驾驶汽车的型号认证。

(2)制造商的申请必须包括:

1.制造商的声明,内容包括:

a)自动驾驶汽车符合相关功能性要求;

b)自动驾驶功能的安全性符合有关的安全概念,且已经根据第12条第1款第2项和附件一第7.2款的规定进行核实。

2.其他应当提交的文件:

a)符合《道路交通法》第1f条第3款第4项、附件一第7.1款和附件三第2条规定的自动驾驶汽车的操作手册。

b)符合第12条第1款第2项、附件一第7.2款和附件三第3条规定的功能安全要求。

c)符合第12条第1款第3项、附件一第15条和附件三第4条规定的信息技术领域的安全概念。

d)符合第12条第1款第5项和附件三第1条对自动驾驶汽车的功能描述。

e)符合第12条第1款第6项和附件一第10条规定的测试场景目录。

f)符合附件一第12条,能够证明自动驾驶汽车可以对在规定的运行范围内可能出现,但无法在试验中模拟的特殊情况进行安全控制。

(3)除了本条第2款中提到的文件外,联邦汽车运输管理局还可以要求制造商提供进一步的信息,只要这些信息对审批程序而言是必要的。

(4)联邦汽车运输管理局应审查下列内容:

1. 自动驾驶系统的相关功能符合本条例(包括附件一)的要求。

2. 具备按照附件一第7.1款和附件四第2条的要求编写的操作手册。

3. 符合附件一第7.2款和附件三第3条规定的功能安全要求。

4. 按照附件三第1条规定的要求对自动驾驶功能进行描述。

(5)联邦汽车运输管理局应根据附件一第15条和附件三第4条的要求审查信息技术领域的安全概念。

联邦汽车运输管理局应让联邦信息安全办公室参与根据本条第1项进行的审查。

1. 审查自动驾驶汽车是否符合欧洲议会和理事会(EU)第2016/679号条例第24条、第25条和第32条的规定。

2. 审查自动驾驶汽车是否符合欧洲议会和理事会2016年4月27日作出的关于在个人数据处理等方面的评估要求。此类审查应由具有对制造商负有数据保护监管职责的机构负责。

(6)联邦汽车运输管理局应使用制造商免费提供的车辆,检查制造商是否实施了相应的信息技术安全措施。此种检查可以采取随机的形式。

(7)联邦汽车运输管理局可以委托官方认可的专家(如具备相关车辆类别检

验权限的技术服务部门或其他机构)，对第4～6款所列举的事项进行验证，并可以授予型号批准为目的，使用从这些测试结果中获得的数据。

(8)在符合附件一要求的情况下，为避免碰撞事故，自动驾驶汽车的技术水平应做到：

1. 能够规避其他道路使用者、未涉及车辆驾驶活动的第三方、动物和附近的物体。

2. 能够根据第1项所述的检测结果进行风险评估，即：在假设自动驾驶汽车以10米/秒的最大速度减速的情况下，系统根据被发现的其他道路使用者、未涉及车辆驾驶活动的第三方、动物的行为以及物体的运动情况，对其行为作出预测，并根据《道路交通法》第1e条第2款第2项的规定作出风险评估。

3. 根据第2项所述的风险评估结果和《道路交通法》第1e条第2款第2项的规定，采取适当的驾驶行为，特别是制动或回避行为。

第4条 对可以在车辆上路后启动的自动驾驶系统和自动驾驶汽车型号进行批准的条件

(1)在符合下列情况时，联邦汽车运输管理局应对自动驾驶汽车型号进行批准：

1. 根据第3条第2款第1项要求的制造商声明和根据第3条第3款要求提供的进一步信息都已提交。

2. 根据第3条第2款第2项要求的其他文件都已提交。

3. 前项所述文件符合第3条第8款和附件一、附件三的要求。

4. 自动驾驶汽车上路通行不会对道路交通的安全和便利性造成影响，也不会危及人的生命安全。

(2)自动驾驶汽车的运营许可证可在任何时候以与附属条款相结合的方式发放，确保车辆遵守法定条款和本条例的规定安全运行。

(3)如果该国关于自动驾驶汽车的操作标准是根据《道路交通法》第1d～1g条规定的技术和安全要求以及本条例第3条第8款和附件一规定的要求而制定的同等评估和测试标准，并规定自动驾驶汽车可以在运行范围内独立完成驾驶任务，则根据本条第1款授予的运营许可应被视为由欧盟任一成员国或欧洲经济区协定成员国授予的运营许可。

(4)联邦汽车运输管理局可以在任何时候向制造商核实其提供信息的真实性，或由第3条第7款中提到的机构进行核实，核实的结果应被记录在案。但《道路交通许可条例》第20条第6款规定的执行不受影响。

(5)对自动驾驶汽车在获得型号批准后进行的改装，应在使用前获得联邦汽车运输管理局的批准。

(6)可以在车辆上路后启动的自动驾驶系统的国家批准，应由联邦汽车运输管理局授予。

如果技术要求符合联邦汽车运输管理局的规定，则由联邦汽车运输管理局授予许可。

第5条 市场监督

(1)联邦汽车运输管理局应对自动驾驶汽车及其车辆部件进行市场监督，并按照本条例的规定进行批准和授权。

(2)联邦汽车运输管理局应定期进行检查，以核实：

1. 自动驾驶汽车及其在市场上出售或流通的车辆部件是否符合本条例的要求。

2. 在市场上提供或投放的自动驾驶汽车及其车辆部件是否会对人的生命安全、环境或公共利益等值得保护的其他合法权益构成风险。

(3)联邦汽车运输管理局应让联邦信息安全办公室参与对自动驾驶汽车及其车辆部件的信息技术安全评估。

(4)如果联邦汽车运输管理局有合理理由怀疑本条例范围内的自动驾驶汽车及其车辆部件没有充分按照其要求采取必要措施确保道路安全，可以按照第6条的规定启动撤销批准程序。

(5)自动驾驶汽车的制造商和保有人有义务：

1. 支持联邦汽车运输管理局开展市场监督活动。

2. 按要求免费向联邦汽车运输管理局提供进行市场监督所需的文件、信息以及其他技术规范。据此,制造商还必须提供相关的软件和算法。

第6条 对可以在车辆上路后启动的自动驾驶系统和自动驾驶汽车型号的批准进行暂停和撤销

(1)在下列情况下,联邦汽车运输管理局应撤销根据第4条第1款授予的型号许可:

1. 自动驾驶汽车进行了未经批准的改装,并因此不再符合型号批准的要求。

2. 制造商不再满足授予型号认证的要求,或不再符合授予型号认证的必要条件。

3. 制造商根据第3条第2款提交的申请不正确或不完整,伪造、篡改测试结果或对型号批准决定起决定性影响的数据或技术规范。

4. 自动驾驶汽车或其车辆部件不再符合《道路交通法》第1e条第2款或本条例第3条的要求。

5. 如果自动驾驶汽车有以下情形之一的,联邦汽车运输管理局必须撤销根据第4条第5款颁发的许可证:

a)该自动驾驶汽车在未经批准的情况下进行改装,并因此不再符合自动驾驶功能的批准要求。

b)运行该自动驾驶汽车可能损害道路交通的安全,或对道路交通的便利性造成影响,或者不能排除对人的生命安全和身体健康的具体危险。

(2)如果有理由相信存在本条第1款规定的条件,联邦汽车运输管理局可以在不影响第5条第4款规定的权力的情况下,采取适当措施,包括要求制造商作出进一步的澄清,特别是提供文件,或将自动驾驶汽车提交给联邦汽车运输管理局或技术服务机构。

在得到澄清之前,联邦汽车运输管理局或技术服务机构可以暂停根据第4条第1款授予的型号批准或根据第4条第6款授予的运营许可证。

(3)《行政程序法》第48条和第49条的执行不受影响。

(4)如果已根据第7条第2款第2项为自动驾驶汽车提交了批准规定运行范围的申请;或已根据第8条的规定,为自动驾驶汽车提交了批准限定运行范围的申请;或主管部门根据第 9 条第 1 款批准了一个规定的运行范围,则由批准规定运行范围的主管部门负责。

联邦汽车运输管理局应通知相关负责部门。

(5)如果根据第 4 条第 1 款授予的型号批准已根据本条第 1 款第 1 项的规定被撤销,或根据本条第 2 款第 2 项的规定被暂停,该自动驾驶汽车不得在公共道路上运行。

第 7 条 通过许可证确定运行范围

(1)自动驾驶汽车只能在以下情况下在公共道路上运行:自动驾驶汽车的运行范围已经按照《道路交通法》第 1d 条第 2 款的规定进行了界定,并取得相应批准。

(2)自动驾驶汽车的运行范围,应当是由机动车保有人根据第 1 项规定的运行范围提出,并经主管部门批准的。

(3)如每一种车辆都已获得相应的型号批准,则可对同一系统的若干车辆的运行范围进行联合批准。

第 8 条 管理人的批准申请

(1)要求批准某一自动驾驶汽车特定运行范围的申请书应包含:

1. 对运行范围的具体描述,包括在地图上划定的区域、自动驾驶汽车在该区域内的行动的目的和相关的操作条件。

2. 保有人对该车的自动驾驶功能可停用的声明。即自动驾驶汽车具有第 1e 条第 2 款第 4 项意义上的自动驾驶功能,且符合《道路交通法》第 9 条的规定,并可以实现接管驾驶操作。

3. 保有人声明符合第 13 条和第 14 条的要求。

(2)保有人还应随申请提交:

1. 第 4 条第 1 款规定的自动驾驶汽车的行驶许可。

2. 保有人、技术监督员或由保有人雇用的人员应符合第 13 条第 2 款第 2 项的规定,并提交:

a)良好行为证明。

b)驾驶执照登记簿的信息。

3. 由保有人的技术管理人员提供的有关条目的补充信息。

(3)主管部门也可以要求保有人提供更详细的资料,如果这对批准特定运行范围的程序而言是必需的。

第9条 授予对运行范围的批准、检查

(1)在下列情况下,应根据第7条第2款予以批准:

1. 自动驾驶汽车的行驶许可,符合第4条第1款的规定。

2. 申请的运行范围适合于自动驾驶汽车的运行,技术监督员能够按照第2款的规定行使驾驶职能。

3. 符合第13条和第14条的要求。

(2)其他由主管部门确定的要求,如:

1. 符合第4条第1款规定的自动驾驶汽车运营许可证的资质要求,并可以在规定的运行范围内独立完成驾驶任务。

2. 相关路线上的道路基础设施符合自动驾驶汽车运行的技术要求。

3. 技术监督员可以进行干预,以实现停用或恢复使用自动驾驶系统的功能,并在任何时候都确保自动驾驶汽车的机动性。

4. 自动驾驶汽车在该区域的运行既不对道路交通的安全和便利性造成影响,也不危及人员的生命安全。

5. 符合排放控制等其他公共利益,且不违反第7条提及的许可证中规定的相关事项。

(3)主管部门可委托官方认可的专家、车辆主管部门的技术服务部门对车辆进行全面检查,并在考虑自动驾驶汽车性能的基础上对运行范围内的道路基础设施进行评估。如若必要,主管部门可以要求保有人提交一份专家意见,以便于在规定的运行范围内对道路基础设施进行评估。

(4)联邦行政机构应与各有关地方部门商定后作出决定。除了第7条第2款规定的情况,一律由各有关地方部门作为主管部门。在跨区域情况下,地方主管部门可以根据各自地方规定,在与其他地方主管部门订立协议的情况下,对相关

规定进行修改。

《基础设施公司法》意义上的私有公司与联邦行政机构订立的协议应优先于与有关地方主管部门订立的协议。

(5)许可证可在任何时候都受制于附属条款，只要该受限是为确保遵守第1款所述的条件所必需的。特别是在可能产生初步的、临时的客运和货物运输禁令的情况下。

(6)主管部门或第3款所述机构可在任何时候向保有人核实授权条件的履行情况以及对授权所附义务的遵守情况。

(7)第8条规定的任何条件发生变化时，保有人应毫不拖延地通知主管部门，特别是对于人员部署的变化，应参照适用第8条第2款、第3款的规定。

(8)主管部门应向联邦汽车运输管理局报告任何与自动驾驶汽车有关的特定运行范围的授权情况。

第10条　撤销和暂停对特定运行范围的批准

(1)在下列情况下，主管部门应撤销根据第9条颁发的许可证：

1. 不遵守第9条第5款的附属规定，且可能危及交通安全和便利性，或者人员的生命安全。

2. 自动驾驶功能在规定的运行范围之外使用，或在规定的工作范围之外使用。

3. 无法保证自动驾驶汽车可以在规定的运行范围内随时停用或接管。

4. 不再符合第13条和第14条的要求。

5. 根据第4条第1款对自动驾驶汽车给予的型号认可已到期、被撤回、撤销或以其他方式失效。

6. 不再符合第9条第2款第2项的要求，无法保证自动驾驶汽车的安全运行。

(2)《行政程序法》第48条和第49条的执行不受影响。

(3)主管部门应将撤销根据第9条授予的批准的情况向联邦汽车运输管理局报告。如果自动驾驶汽车存在其他不符合第9条第1款规定的情况，主管部门可以暂停其根据第9条第1款颁发的许可证。

（4）如果自动驾驶汽车暂时不符合第9条第2款的要求，且许可证持有人未能证明可以安全地操作自动驾驶汽车，主管部门也可以进行相应暂停。

（5）自动驾驶汽车不得按照第9条第1款批准界定的运行范围在公共道路上运行：

1. 批准已根据本条第1款的规定被撤销。

2. 批准已根据本条第4款的规定被暂停。

第11条 适用《车辆登记条例》的要求

（1）对于自动驾驶汽车在特定运行范围内运行的审批，应按照以下各款规定适用《车辆审批条例》。

（2）符合《车辆登记条例》第3条第1款第2项的规定，并符合以下条件：

1. 具有有效的型号批准。

2. 根据第9条规定，拥有指定运行范围的有效许可证。

3. 根据《强制保险法》的规定购买了机动车责任保险。

根据《车辆登记条例》第6条的规定提出申请后，必须按照第4条第1款的规定提交自动驾驶汽车型号批准申请，并按照第9条的规定提交特定运行范围的批准申请。但《车辆登记条例》第3条第2款和第3款的规定不适用于自动驾驶汽车。

（3）在上道路通行过程中，使用自动驾驶功能应限制在被批准的运行范围内。这种限制应根据《车辆登记条例》第11条的规定，在登记证书第一部分中予以明确，并写明是否批准、签发机构和签发日期。同样，根据第4条第1款规定的型号认证，也须注明签发日期，以及关于具有自动驾驶和附加功能的设备的详细信息。根据《车辆登记条例》第11条第6款的规定，只要保留登记证书第一部分，并在被要求时交给授权人士检查，即可满足规定的要求。

（4）如自动驾驶汽车保有人根据《车辆登记条例》第13条第4款第3项的规定转让车辆，或根据《车辆登记条例》第14条第2款的规定进行重新登记，保有人应根据第9条的规定另行提交关于运行区域的申请。

（5）自动驾驶汽车不适用于《车辆登记条例》第2a条第3款规定的程序。

(6)登记机构应及时将有关机动车的任何登记、重新登记、转让或停止使用的情况通知指定运行范围的授权机构。

(7)如果已登记的自动驾驶汽车没有按照第9条规定的运行范围运行,保有人应立刻进行重新登记。

在车辆登记处登记的车辆,必须符合《车辆登记条例》第14条第1款、第15g条的规定。

第12条 对制造商的要求

(1)自动驾驶汽车的制造商应:

1. 根据附件三第2.3款和第2.6款的规定,准备自动驾驶汽车的维修和保养资料。

2. 根据附件一第7.2款的规定,制定自动驾驶汽车功能安全说明,并在此过程中:

a)按照附件一进行危险性分析。

b)根据附件三的第3条编制安全说明。

c)根据该安全说明检查自动驾驶功能的安全性,并向联邦汽车运输管理局证明其安全性。

3. 根据附件一第15条的规定,拟定信息技术领域的安全说明,并根据附件三第4条的规定进行记录。

4. 证明按照附件一第7.3款对车辆进行定期技术监测的可行性。

5. 根据《道路交通安全法》,制定自动驾驶汽车的功能说明。

6. 按照附件一第10条的规定,制定一份测试方案目录。

7. 根据附件一第13条对数字数据存储器的要求,制定安全说明。

上述安全说明需符合(EU)第2016/679号条例第24条、第25条和第32条的要求,同时需要根据《一般数据保护条例》第35条的规定进行数据保护影响评估。

(2)制造商应提供第1款第2项b)和第3项中提到的文件,以及在交付自动驾驶汽车时向保有人提供符合附件一第7.1款和附件三第2条规定的使用手册。

(3)禁止制造商将没有有效型号认证的自动驾驶汽车投放市场或进行销售。

第13条 对保有人的要求

(1)为了履行《道路交通法》第1f条第1款规定的义务,保有人应确保在自动驾驶汽车运行期间:

1. 自动驾驶汽车的主动性驾驶功能和被动性防碰撞安全功能会被定期检查。

2. 在每次行驶前,都按照第7条的规定进行检查。

3. 制造商提供的维护信息应从自动驾驶汽车上路通行之日起每90天更新一次,并根据自动驾驶汽车使用手册的要求,进行全面测试。

4. 第3项中提到的整体测试结果,包括对发现的所有缺陷和所进行的维修的描述,都应记录在报告中,并提交给联邦汽车运输管理局。如果车辆登记为在公路上使用,则立即按规定转交给主管部门。在下列必要的情况下,应立即向主管部门提供:

a)联邦汽车运输管理局根据第2条第1款和第6条第1款的规定履行其任务。

b)主管部门根据第7条第2款和第10条第1款的规定履行其职责。

(2)保有人应确保在按照本条第1款的规定采取措施时,雇用合适的人选负责执行技术和组织工作。他们应:

1. 满足以下条件之一:

a)已成功通过机动车机械师行业的技师考试。

b)已取得工程高级技术学校学位、工程学士学位、工程硕士学位。

c)已取得国家认证的机械工程、汽车工程、电气工程或航空航天工程专业毕业证书,且具有3年以上的技术员工作经验。

2. 已成功完成相关培训。

3. 在执行委托的任务方面是可靠的。

在第7条和第8条规定的程序框架内,对其可靠性进行评估。评估内容包括:根据第8条第2款,提交给当局的良好行为证明、驾驶人的信息,以及从驾驶执照登记簿中获取的信息。

如果保有人雇用的技术人员在手动驾驶模式下进行驾驶行为,这些人应持有有效的驾驶执照。该驾照的内容必须与驾驶自动驾驶汽车所需的资质一致。

(3)保有人应对如何正确地开展维护、全面检查、进一步检查和在手动模式下驾驶等事项进行说明,并确保这些说明得到遵守和记录。

(4)在维护工作、全面检查和进一步检查完成后,保有人或负责人必须立即以书面或电子方式起草关于维护工作、全面检查和进一步检查的报告。这些报告应予签署并记录在案,由保有人或技术监督人保存 6 个月。期满后立即删除,如果是电子存储,则自动删除。

(5)符合第 3 款和第 4 款对文件管理的要求。第 4 款规定的报告的内容应是最新的。该要求如果符合《质量管理体系　基本原理和术语》(ISO 9001:2015)的要求,则应推定为技术水平达标。此外,文件管理必须符合(EU)第 2016/679 号条例第 24 条、第 25 条和第 32 条的要求。

(6)如果保有人自己不执行技术监督的任务,他应按照第 14 条的规定指定一个合适的自然人负责这一工作。保有人应为履行技术监督职责的人提供必要的物质条件,特别是提供场所和信息技术系统等必要条件。

(7)在试驾之后,要对以下方面进行检查:

1. 制动系统。

2. 转向系统。

3. 照明系统。

4. 轮胎/轮子。

5. 底盘。

6. 与安全有关的车辆电子控制系统、传感器系统及其外部和内部参数。

7. 与主动和被动安全有关的机械车辆系统。

(8)保有人应按照《道路交通许可条例》附件八的规定,对自动驾驶汽车进行一次主要检查。《道路交通许可法》第 29 条规定的检验期限为自动驾驶汽车上牌之日起的 6 个月。

(9)在没有第 4 条第 6 款的授权的情况下,保有人不得追溯性地激活自动驾驶系统,不得未经授权而使用自动驾驶功能。

第14条 对技术监督员的要求

(1)根据《道路交通法》第1f条第2款,被任命为技术监督员的自然人必须履行其职责,且需符合以下条件:

1. 拥有机械工程、汽车工程、电气工程、航空航天工程方面的学位。

具备航空航天工程专业的学历,拥有以下学科的学位:

a)工程高级技术学校学位,或取得工程专业毕业证书。

b)工程专业学士学位或硕士学位。

c)国家认证的技术员。

2. 已成功完成该自动驾驶汽车制造商提供的与自动驾驶汽车有关的适当培训。

3. 持有有效的驾驶执照,其级别应与自动驾驶汽车的级别相同。

4. 能够可靠地履行保有人根据第1f条第2款委托给他的职责。

为了评估技术监督员在第2条第5款意义上的可靠性,技术监督员应在第7条和第8条第2款规定的程序框架内提交良好行为证明、驾驶执照登记簿上的信息,以及驾驶执照上的条目信息等材料。

(2)被任命为技术监督员的自然人,在征得保有人的同意后,可以根据第13条第2款的规定,利用其他合适自然人的服务以帮助其履行职责。

(3)如果自动驾驶汽车触发最小风险状态,担任技术监督员的自然人应按照《道路交通法》第1d条第4款的规定,对触发的原因和必要性进行调查。

调查的结果应记录在案。如果最小风险状态是由机动车的缺陷触发的,在达到最小风险状态后,应按照附件一第4条的要求,由被指定为技术监督员的自然人手动接管驾驶任务,直到引发最小风险状态的缺陷被永久消除。

第15条 数据存储

(1)对于自动驾驶汽车的运行,本条例附件二规定了关于数据存储的准确时间、数据类别的参数和数据格式的要求。

(2)存储的数据只能由联邦汽车运输管理局和地方主管部门访问,访问目的仅限于核实该公司是否满足批准条件和与批准相关的监测义务。

第 16 条　测试批准

(1)本条所称测试,指的是针对研发阶段自动驾驶汽车及其系统、部件、功能所进行的相关测试。

本条所称的测试许可还包括对机动车的所有部件、系统或单元进行的测试。《道路交通许可条例》第 19 条第 6 款的规定不适用于此类情形。

(2)测试许可应有时间限制,原则上不得超过 4 年。如果测试主体要求延长测试许可证期限,但已取得的测试进展不能证明需要延期的,每次续期的期限为 2 年。

在申请延期前已取得的测试进展不妨碍对延期的申请。

如果对测试许可或其延期有异议,测试许可的有效期应按上诉被中止的天数进行延长。

上诉具有暂缓执行的效力。

(3)授予测试许可的要求是:

1. 该机动车已获得单独批准或型号批准。

2. 在获得单独批准或型号批准后对机动车进行了改装,以使其具备自动驾驶功能。

3. 发起开发和测试的保有人以及参与开发和测试的人,在机动车交通的技术发展方面有足够的知识和可靠性。

4. 保有人提交的测试说明,应当:

a)对已经进行的和计划进行的升级开发,以及将要进行的驾驶功能测试进行充分的描述。

b)符合当前的技术水平,符合《道路交通法》第 1a 条第 2 款、第 1e 条第 2 款的规定。

c)保证对测试活动进行长期监测。

保有人应确保由一位技术可靠的驾驶人来进行测试阶段的驾驶活动。

技术监督员应提供有关的非个人数据和事件、待测试的开发阶段的技术进展,特别包括:

自动驾驶功能使用的次数和时间,以及激活和停用自动驾驶功能的情况。

采取替代性驾驶动作的次数和时间。

故障存储器条目(开始和结束)及软件状态。

各自的环境和天气条件。

被激活和停用的被动和主动安全系统的名称,以及它们的状态和触发安全系统的实例。

车辆纵向和横向的加速度。

车辆速度。

5. 自动驾驶系统可以在任何时候停用,并可以在现场重启。

(4)联邦汽车运输管理局应有权收集、储存和使用评估道路安全和技术进步所需的数据,以及以数据为基础制定的自动驾驶功能发展阶段的法规。这些数据完全是非个人数据,最迟应在根据第11条的规定完成评估后删除。

(5)联邦汽车运输管理局可以出于测试自动驾驶系统的目的,在自动驾驶功能的发展阶段对制造商豁免以下条款规定的义务:

1.《道路交通法》第1a条和第1e条的规定。

2. 本条例第15条和第16条,以及《道路交通许可条例》的规定除外。

(6)应在上路过程中携带检验许可证,并按要求交给主管人员检查。

(7)在登记证书第一部分中应提及测试批准相关内容,并注明联邦汽车运输管理局签发日期。

(8)不适用《车辆登记条例》第2a条第3款及第11条规定的程序。

第17条 行政犯罪

《道路交通法》第24条第1款意义上的监管性犯罪,是指任何人故意或过失地:

1. 违反第2条第1款的规定,在没有获得型号批准的情况下,操作自动驾驶汽车。

2. 违反第5条第5款第2项的规定,未提供文件或资料,或提供的文件或资料不正确、不完整或不及时。

3. 违反第 6 条第 5 款第 2 项、第 7 条第 1 款或第 10 条第 5 款第 2 项的规定，操作自动驾驶汽车。

4. 违反第 12 条第 2 款的规定，未能正确、完整或及时地提供其中提及的文件或操作手册。

5. 违反第 13 条第 9 款的规定，起动车辆。

第 18 条 过渡性条款

在按照第 11 条与第 6 条第 7 款的规定进行审批程序的过程中，可以根据《车辆登记条例》第 16 条的规定，授予试行批准。

根据第 16 条第 7 款的规定提交登记的车辆数据和试验批准的参考资料或者根据第 11 条第 3 款和第 16 条第 7 款的规定提交的信息，不能由主管登记机构存储在车辆登记册中。

如果第 11 条第 3 款和第 16 条第 7 款中提到的信息没有被记入登记证书第一部分，必须在生效后的 6 个月内予以补充。

附件一 对自动驾驶汽车的要求(略)

附件二 数据存储(略)

附件三 制造商的文件义务(略)

附录3　日本《道路交通法修正案》（自动驾驶部分）

一、自动驾驶装置的定义

1. 在第二条“定义”第一款第十三项下增加“自动驾驶装置”的定义，采用《道路车辆法》的定义：

“自动驾驶装置”是指，通过软件程序使车辆自动行驶时所必须安装的一些装置，包括用于检测汽车运行状态及周围状况的传感器、处理该传感器发送的信息的电子计算机及以程序为主要构成要素的装置。各个自动驾驶装置的使用条件由国土交通大臣设定，包括具有代替汽车驾驶者操纵的认知、预测、判断及操作相关能力的全部功能，并且具备用于记录车辆运行状态必要信息的装置。

2. 在第二条第一款第十七项“驾驶”的情形中增加“包括使用自动驾驶装置的情形”。

原第二条第一款：驾驶是指车辆或路面电车（简称“车辆等”）在道路上按照其原本的使用方法使用的情形。

二、有关工作状态记录装置的记录的规定

1. 第六十三条第一款中“文件”后增加“以及通过工作状态记录装置（指《道路运输车辆法》第四十一条第二款规定的确认工作状态所必要的信息的装置，下同）记载的记录。”，并增加部分内容，具体表述如下：

警察可以认定特定车辆属于前条所称的“维修保养不良的车辆”（轻型车辆除

外,下同),要求其停止行驶,并要求该车辆驾驶人出示汽车检查证(《道路运输车辆法》第六十条规定的汽车检查证)、其他政令规定的文件以及通过工作状态记录装置记载的记录,并对该车辆的装置进行检查。

在这种情况下,当警察认为有必要采取措施使该记录达到视觉或听觉的可识别状态时,可以向制造或者进口该车辆的人员及其他相关人员寻求该措施。

2. 第三章第十二节中第六十三条第二款后增加:

(工作状态记录装置的记录)

对于配备自动驾驶装置的汽车,如果其工作状态记录装置无法正确记录《道路运输车辆法》第四十一条第二款规定的为确认工作状态所必要的信息,则汽车使用者及其他对汽车装置维修负有责任的人或者驾驶人不得驾驶该汽车。

3. 配备有自动驾驶装置的汽车的使用者,必须根据内阁府令规定,对工作状态记录装置中所记载的记录进行保存。

(罚则　第一百一十九条第一款第七项之二、第一百二十三条)

三、使用自动驾驶装置驾驶汽车时驾驶人的义务

1. 第七十一条第四款后增加:

(配备自动驾驶装置的汽车驾驶人需要遵守的事项等)

配备自动驾驶装置的汽车驾驶人,在不能满足该自动驾驶装置的使用条件(指《道路运输车辆法》第四十一条第二款规定的条件,下同)的情况下,不能使用该自动驾驶装置驾驶该汽车。

2. 在符合下列要求的情况下,驾驶人使用配备自动驾驶装置的汽车时可以不适用第七十一条第五款第五项的规定:

(1)该汽车不属于维修保养不良车辆。

(2)符合该自动驾驶装置的使用条件。

(3)在不符合前述任一情形时,驾驶人能立即认知该种情形,并且该驾驶人处于能够确实操作自动驾驶装置以外的汽车装置的状态。

原第七十一条“驾驶人的遵守事项”第五款第五项:

在驾驶汽车或带发动机的自行车(简称“汽车等车辆”)的情况下,除非该汽车处于停止状态,否则不得使用手机、汽车电话装置及其他无线通话装置(仅限于如果不手持装置的全部或一部分就不能进行发送和接收的情况,第一百二十条第一款第十一项中称为“无线通话装置”)进行通话(为了救护伤病者或维持公共安全等行驶中不得不紧急进行的通话除外,下同),或注视安装在汽车等车辆上的图像显示装置(《道路运输车辆法》第四十一条第十六号、第十七号或第四十四条第十一号规定的装置除外,下同)显示的图像。

附录4　日本《道路运输车辆法修正案》

一、创设型号许可制度的纠正命令

在第七十五条“汽车的指定”相关条款中增加：

国土交通大臣发现汽车型号许可申请者违反国土交通省令的规定（仅限于与本款有关的型号许可部分）时，可以命令其采取必要的措施纠正该违法行为，直到确认其已采取了必要的措施之前，国土交通大臣可以暂停该许可的效力。在许可被暂停时，对于在该停止日之前制造的汽车，国土交通大臣可以限定该暂停的效力所涉及的范围。

二、在安保标准对象装置中追加“自动驾驶装置”

1. 在第三章“公路运输车辆安全标准”下第四十一条“汽车构造”中增加：

“二十　自动驾驶装置”

2. 在第四十一条后增加：

前款第二十号的“自动驾驶装置”是指，通过软件程序使车辆自动行驶时所必须安装的一些装置，包括用于检测汽车运行状态及周围状况的传感器、处理该传感器发送的信息的电子计算机及以程序为主要构成要素的装置。各个自动驾驶装置的使用条件由国土交通大臣设定，包括具有代替汽车驾驶者操纵的认知、预测、判断及操作相关能力的全部功能，并且具备用于记录车辆运行状态必要信息的装置。

三、扩大分解维修的范围和强制提供分解维修所需的技术信息

1. 修改第四十九条“检查维修记录表”第二款，将“分解维修”改为“特定维修”，并增加“自动驾驶装置”，在“改造”后增加“可能影响这些装置工作的维修或改造”。具体表述如下：

汽车使用者对该汽车进行特定维修（需要对发动机、动力传递装置、行驶装置、操纵装置、制动装置、缓冲装置、连接装置或自动驾驶装置进行拆卸的汽车维修、改造，或者可能影响这些装置工作的维修或改造，由国土交通省令规定）时，应当及时在前款规定的“检查维修记录表”上记载同款第三项至第五项所规定的事项。但是，根据第四十七条第二款第三项的规定进行必要维修，以及汽车分解维修经营者实施前款第二项、第七十八条第四款规定的分解维修，不受此限制。

2. 在第五十七条第二款后增加一款。

（提供有关汽车检查和维护的信息）

汽车制造商或者与外国汽车制造商签订了汽车销售合同的汽车进口商（同第六十三条第二款、第三款及第四款第一项中规定的“汽车制造商”），对于其生产的在我国行驶的汽车或者其进口的汽车，必须尽量向该汽车的使用者提供国土交通省令所规定的必要技术信息，并告知其根据第四十七条的规定进行的检查和维修（第四十七条第二款和第四十八条的规定除外）的结果。

四、创设汽车特定改造等相关许可制度

1. 增加一条，作为第九十九条第三款：

（特定改造许可）

第九十九条第三款

（一）根据国土交通省令的规定，对于已获得汽车检验证的汽车等车辆作出以下行为（简称“特定改造等行为”）的相关方必须事先得到国土交通大臣的许可。

（1）改变自动驾驶装置及其他装置中的程序（指用于程序及其他电子计算机处理的信息），且该变更有可能导致汽车不符合安全标准。根据国土交通省令规定的电信线路的使用方法及国土交通省令规定的其他方法进行改造的行为必须事先得到国土交通大臣的许可。

(2)向汽车的使用者及其他人提供改造程序，以实现改变自动驾驶装置及其他装置中的程序的目的。根据电信线路的使用方法及其他国土交通省令规定的方法，向汽车的使用者及其他人提供该改造程序的行为，必须事先得到国土交通大臣的许可。

(二)第七十八条第三款及第四款中所称的“条件”，包括本款规定的许可条件及期限。

(三)只有在符合下列标准时，国土交通大臣才能许可第一款规定的特定改造申请：

(1)申请人符合国土交通省令所规定的标准，具备能够正确实施特定改造的能力和体制。

(2)经过特定改造后的汽车必须符合安全标准。

(四)获得第一款许可的主体，其能力和体制必须符合前款第一项规定的国土交通省令有关标准。

(五)除前款规定外，获得第一款许可的主体还必须遵守国土交通省令为了确保对程序等的适当管理以及特定改造等的适当实施所规定的其他事项。

(六)国土交通大臣如果认定获得第一款许可的主体的能力及体制不符合第三款第一项规定的国土交通省令有关标准，或者获得第一款许可的主体没有遵守前款规定的国土交通省令关于实施特定改造等事项的要求时，可以命令其采取必要的措施，使其能力和体制符合标准，或者确保特定改造等的要求得到确切的履行。

(七)获得第一款许可的主体有下列各项情况之一的，国土交通大臣可以命令其在规定期限内停止特定改造等行为，或取消该许可。

(1)违反本法或根据本法作出的命令、处分的。

(2)违反根据第二款中第七十八条第三款规定授予许可的条件的。

(3)通过虚假或其他不正当手段获得第一款规定的许可的。

(八)在对第一款规定的许可申请进行审查时，国土交通大臣可以将下列事项交由汽车技术综合检验机构进行：

(1)审查第一款规定的许可的申请人是否具备实施特定改造等行为的能力。

(2)审查根据第一款规定的许可申请对相关程序进行升级、变更后的汽车是否仍然符合安全标准。

(九)汽车技术综合检验机构在对前款各项进行审查后,应及时将审查结果按国土交通省令的规定通知国土交通大臣。

2. 在第一百条第一款中加一项:

(17)获得第九十九条第三款第一项规定的特定改造许可者。

原第一百条第一款为:除第七十五条第六款第一项规定外,该行政厅认为为了达到本法第一条目的确有必要的,可以要求下述人员就道路运输车辆的所有、使用或者从事的业务进行报告。

增加第一百零一条第一款第一项:

根据第一百条第二款的规定,该行政厅可以要求汽车技术综合检验机构在检查汽车时,审查以下各项中规定的事项:

(1)审查该汽车是否符合安全标准。

(2)审查获得特定改造许可的主体是否具备实施特定改造的足够能力。

五、与汽车电子系统检查相关的必要技术信息管理工作由日本独立行政法人——汽车技术综合检验机构(NALTEC)负责

1. 对《独立行政法人汽车技术综合检验机构法》的一部分进行修正,修改第七条第二项,在理事权限中增加《道路运输车辆法》第九十九条第三款第八项,即:

国土交通大臣将第一款许可相关事务中的下列事项交由汽车技术综合检验机构进行:

(1)审查第一款规定的许可的主体是否具备实施特定改造等行为的能力。

(2)审查根据第一款规定的许可申请对相关程序进行升级、变更后的汽车是否仍然符合安全标准。

2. 原《独立行政法人汽车技术综合检验机构法》第十二条规定了“业务范围”,在第一项后增加“申请《道路运输车辆法》第九十九条第三款第一项许可的人以及获得同项许可的人是否具备实施该款规定的特定改造等行为的能力”。

原第十二条第一项为：审查汽车、共同制造部（参见《道路运输车辆法》第七十五条第二款第一项）及汽车的装置是否符合安全标准。

六、汽车检查证的记录等事务

1. 汽车登记、汽车检查证等相关修改

修改第十条，删除“以书面形式”，增加“根据国土交通省令的规定”，修改后的第十条为：国土交通大臣在进行汽车登记时，必须根据国土交通省令的规定通知申请人应登记的事项。

修改第十二条第二款为：因第十二条第一款规定的事由（即汽车保有人登记的车辆外观、车牌号、发动机型号、所有者的姓名、公司名称、住所或者使用区域发生变更）而申请第六十七条第一款规定的汽车变更记录的，应当自该事由发生之日，向国土交通大臣同时申请办理变更登记手续。但是，根据第十三条的规定申请汽车移转登记手续或者根据第十五条的规定申请永久注销登记的，不受此限制。

修改后的第十二条第三款为：第一款变更登记中，有关车辆号或发动机型号变更（仅限于第三款以及与该项相关部分）的规定，以及相关的其他变更事项，适用本条规定。

修改第五十八条第二款为：汽车检查证，是记载着车牌号、自然人使用者或公司使用者的姓名或名称、其他国土交通省令规定的事项及其有效期间（简称“汽车检查证记录事项”），并以电子、磁力以及其他依靠人类的知觉不能识别的方法记录的卡片。

第五十八条第二款后增加一款作为第五十八条第三款：汽车检查证，是由国土交通省令规定的，由处理识别特定汽车的事务的国家行政机关、地方公共团体、民间经营者以及其他人，根据国土交通省令规定，对相关事项进行记载、分类的卡片。以上主体必须按照国土交通大臣规定的标准办理汽车检查证，目的是防止汽车检查证记录事项有所遗漏、消失或毁损。

修改第六十二条第一款为：已注册的汽车或两轮小型机动车的使用者，在汽车检查证有效期满后仍继续使用该汽车的，应接受国土交通大臣进行的延期使用检查。在这种情况下,该汽车的使用者必须向国土交通大臣提交汽车检查证。

修改第六十二条第二款为:国土交通大臣在延期使用检查结果中,认定该汽车符合安全标准时,应在该汽车检查证上填写有效期,并将其退还给该汽车的使用者;认定该汽车不符合安全标准时,汽车检查证不予退还。

修改第六十二条第五款为:汽车使用者必须在到期前提前申请继续使用许可。

修改第六十六条第二款第二项为:国土交通大臣在下列情况下,必须向使用者发放检查标志:根据第六十二条第二款(包括适用第六十三条第三款和次条第四款规定的情形)的规定,在汽车检查证上记录有效期,且将其退还给该汽车的使用者。

将第六十七条的标题改为"汽车检查证记录事项的变更及汽车结构变更检查",将该条第一款中的"汽车检查证的记载事项"改为"汽车检查证记录事项",将"事项的变更"改为"变更",该条第二款中的"汽车检查证的记载事项"改为"汽车检查证记录事项",具体如下:

第六十七条 (一)汽车的使用者,在汽车检查证记录事项发生变更时,必须在该事由产生之日起十五日内,就该变更,接受国土交通大臣对汽车检查证进行的检查。

前款规定不适用于因行政区划、土地名称、使用者或所有者的住所、汽车行驶区域等事项发生变更,导致汽车检查证记录事项发生变更的情况。

修改第七十一条第一款和第二款为:

第七十一条 (一)国土交通大臣在接受新检查或初步检查时应将各事项一一记录在该汽车相关的汽车登记文件中。对于延期使用的结果,在判断该汽车不符合安全标准的情况下,除非确有必要停止使用该汽车,否则应将汽车检查证交给该汽车的使用者(预备检查时为所有者)。

(二)第五十四条第四款的规定,适用于本条第一款规定中所述的延期适用的检查结果的情况。在这种情况下,该条第四款中"地方运输局局长"视为"国土交通大臣","有可能变得不符合安全标准的状态"视为"承认该汽车不符合安全标准的状态”,将“按照第一款规定需要整改的部分”替换为“不符合该汽车检查证所记载的安全标准的部分”。

修改第七十二条第一款为:国土交通大臣根据政令规定进行的汽车检查、汽车备案结果,以及汽车检查证返还证明书的交付、变更记录等,应按照电子信息处理的方法记录在汽车登记注册文件中。

修改第七十四条第四款为:小型汽车检查协会进行的小型汽车检查事务,适用本章的规定(第六十一条第二款、第六十三条第一款、第六十三条第二款至第四款、第七十一条第二款第二项、第七十四条至第七十五条第三款,第七十五条第五款及第七十五条第六款除外),上述规定中的“国土交通大臣”的视为“小型汽车检查协会”。

2. 增加一条“关于汽车检查证设立登记相关事务的委托”

第七十四条第五款

(一)国土交通大臣可以委托符合国土交通省令规定条件的人开展汽车检查证的设立登记、汽车检查证返还以及交付检查标志等事务。

(二)按照前款规定,受委托的人(在下项及第一百条第一款第八项中称为“设立登记事务代理人”)不得有下述两项行为:

(1)在没有自然灾害等不可抗力因素的情况下,拒绝申请人返还汽车检查证的请求,或者不履行对汽车检查证进行登记、返还或交付检查标志的职责。

(2)在前款规定的情况下,向申请人以外的其他人退还汽车检查证,或者交付检查标志。

(三)第二十八条第一款和第二十八条第一款第一项的规定,适用于设立登记事务代理人对汽车检查证进行登记、返还或交付检查标志等事务。

3. 增加一条“汽车检查证变更登记等相关事务的委托”

第七十四条第六款

(一)国土交通大臣可以委托符合国土交通省令规定相应条件的人开展与第六十七条第一款有关的汽车检查证变更登记事务(对变更登记是否适当的审查,以及国土交通省令另行规定的事务除外)。

（二）前款规定的被委托人（在下项及第一百条第一款第九项中称为“变更登记事务代理人”）应当：

（1）履行汽车检查证变更登记义务，除非遇到自然灾害以及其他不可抗力事由。

（2）不得在前款规定以外的情况下，在该汽车检查证以外的文件上进行登记。

（三）第二十八条第一款和第二十八条第二款第一项的规定，也适用于变更登记事务代理人在汽车检查证上进行汽车检查证变更登记的情形。

相应地，第一百条第一款中第 17 项往后顺延为 19 项，第 8 项至第 16 项均往后顺延两项，第 7 项之后增加下列第 8 项和第 9 项的内容：

（8）设立登记事务代理人；

（9）变更登记事务代理人。

附录5　日本《自动驾驶系统的道路实证测试指南》

1. 主旨

本指南旨在对日本国内的公共道路（指《道路交通法》第二条第一款第一项所规定的“道路”，下同）自动驾驶系统（同时操控加速、转向、制动中的多种操作或者全部操作的系统）实证测试进行规定，明确为保证交通安全和顺畅所需要注意的事项，从而达到为实施合理和安全的公共道路自动驾驶系统实证测试作出贡献的目的。

本指南并不禁止运用其他方法来进行公共道路自动驾驶系统实证测试，指南的意图在于基于相关法律以及对公共道路自动驾驶系统实证测试的调查结果，为实施或者将要实施公共道路自动驾驶系统实证测试的人（简称“实施主体”）提供有效的指导和支持。实施和本指南所述不同的公共道路自动驾驶系统实证测试时，请预留充足的准备时间，并且就测试实施场所事先和有管辖权的警方[各个地方的警察局总部交通部交通企划（总务）课]进行商谈。

※本指南中，用“必须……”表示的地方，是法律条文所规定的义务。

2. 基本制度

在现行法律中，只要符合以下条件，不管在什么场所或时间，都可以实施公共道路自动驾驶系统实证测试：

（1）在公共道路自动驾驶系统实证测试中使用的车辆（简称“测试车辆”）符

合道路运输车辆的安全标准(1951 年运输部第 67 号法令)(包括条例第 55 条第 1 款规定的区域运输局局长的认证、第 56 条第 4 款规定的国土交通大臣的认证,或被指定的特别规则所批准)。

(2)驾驶人坐在测试车辆的驾驶座位上,时刻监视周围的道路状况以及车辆的状态,并且在紧急情况时,为了避免伤及他人,保证安全,实施必要的操作。(※)

(3)遵守《道路交通法》等相关法令驾驶车辆。

※驾驶人实施必要的操作的前提是自动驾驶系统可以在紧急情况下由人类驾驶人进行接管,第 6 条第 1 款亦同。

3. 实施主体的基本职责

在为了交通出行而使用的公共道路中,运用还没有投入实际使用的自动驾驶系统来驾驶汽车的行为,可能对交通安全以及交通顺畅运行产生影响。作为实施主体,需要认识到这一点,并且应当采取充分的安全保障措施。

4. 结合公共道路自动驾驶系统实证测试内容所采取的安全保障措施

(1)实施主体在实施公共道路自动驾驶系统实证测试前,应根据将要实施的公共道路自动驾驶系统实证测试的内容预测在公共道路中会发生的各种情形,并且在试验设施等场所(※)设定的情形下对测试车辆进行充分的测试,以确认通过自动驾驶系统来驾驶的测试车辆可以在公共道路中安全地行驶。

※除了实施主体自己拥有的测试场所之外,也存在以下试验场所:

· 汽车安全驾驶中心安全驾驶中央培训所。

· 汽车技术综合检验机构交通安全与环境实验室(独立行政机关)。

· 国立研究机关产业技术综合研究所。

· 日本汽车研究所(普通机关)。

· 指定驾校。

· 赛车场。

(2)在完成(1)的试验场所中的测试之后,应在很难发生意外状况的环境(※)中进行公共道路自动驾驶系统实证测试,并在充分确认安全性之后,慢慢地变换公共道路自动驾驶系统实证测试的环境。在公共道路进行自动驾驶系统实证测试时,应该根据测试内容,在确保安全性的情况下,阶段性地实施测试。

另外,当实施主体将使用新的自动驾驶系统进行公共道路自动驾驶系统实证测试(包括在已经完成了一部分安全性测试的自动驾驶系统中加入新功能)时,应当根据这个自动驾驶系统的性能以及测试的内容,重新在(1)的试验场所中进行确认测试。

※有关公共道路自动驾驶系统实证测试的试验场所,通常是一般道路中行人/自行车骑行者较少使用的地方,或者是行人/自行车骑行者不能通行的高速公路。

(3)实施主体必须事先对将用于测试的公共道路交通环境进行确认,应当根据公共道路自动驾驶系统实证测试的目的和内容在必要的时候采取适当的安全保障措施。

※特别是在确认(1)的试验场所后,须采取临时性的适当措施(就具体实施的各个措施,应根据将要实施的公共道路自动驾驶系统实证测试的目的和内容进行判断)。

·除乘坐在驾驶席对车辆进行必要操作的人(简称“测试驾驶人”)之外,其他坐在测试车辆上的人也应在发生紧急情况时负责监视自动驾驶系统的情况,为测试驾驶人分担负责监视周围的道路交通状况的任务。

·准备和测试车辆同时行驶、用以确保安全的车辆。

·在测试车辆上标示出该车辆正在进行公共道路自动驾驶系统实证测试(同时留意周围一般道路上的人因为看见这个标示而发生行为变化的可能性)。

·将公共道路自动驾驶系统实证测试的实施日期和实施场所通过传单或者看板的形式事先通知当地居民或者道路使用者。

(4)实施主体应该将有必要在公共道路自动驾驶系统实证测试的相关人员(包括乘坐测试车辆的人)之间共享的事项(如自动驾驶汽车发生故障或者发生交通事故等紧急情况时具体的对应措施和应对机制等)制作成书面材料,并且告知相关人员。

5. 测试驾驶人的条件

(1)测试驾驶人必须持有法律规定的与测试车辆相对应的驾驶执照。

(2)测试驾驶人通常承担以《道路交通法》为首的相关法律中所规定的作为驾驶人的义务,如果在发生交通事故或者违反交通法律法规的情况下,测试驾驶人通常应认识到自己作为车辆驾驶人所承担的责任。

如果测试驾驶人不是(测试)实施主体的成员,那么实施主体应该要求车辆驾驶人签署已经确认上述事项的书面证明(这个书面证明对由实施主体或者保险所担保的经济责任不产生影响)。

(3)实施主体在试验场所中完成结合公共道路自动驾驶系统实证测试内容等所采取的安全保证测试后,应当就测试驾驶人是否满足以下条件进行确认:

· 具有相当的驾驶经验,并且驾驶技术娴熟。

· 充分了解测试车辆自动驾驶系统的构造和特性。

· 在实施公共道路自动驾驶系统实证测试前,在试验场所自行运用测试车辆的自动驾驶系统行驶,熟练掌握紧急情况下的操作。

(4)当测试驾驶人不符合(3)的条件时,实施主体为了检验自动驾驶系统的实际应用性,必须采取以下措施:

· 符合(3)的条件的测试驾驶人反复执行公共道路自动驾驶系统实证测试,以确保测试车辆的自动驾驶系统在公共道路中可以完整地运行。

· 在实施公共道路自动驾驶系统实证测试前,由熟悉所用自动驾驶系统的构造和特性的人员向测试驾驶人进行说明,使测试驾驶人充分理解自动驾驶系统的特性以及在紧急情况下具体的对应要领等。与此同时,采取一定的安全保障措施,例如:除了测试驾驶人之外,熟悉自动驾驶系统的构造和特性的非测试驾驶人员也要坐上测试车辆,以便在紧急情况时辅助进行一些必要的操作。

(5)测试驾驶人在运用自动驾驶系统驾驶车辆时,不强制要求把持转向盘等操作装置,但是必须时刻监视周围的道路交通状况和车辆状态,并且在发生紧急情况时可以立即采取相应的必要操作。

因此,在视野良好并且交通量稀少的场所,当实行紧急情况下的操作的可能性很低时,可以采取把手放在扶手或者膝盖上这样放松的姿势;但是在视野不佳或者交通量繁多的场所,当实行紧急情况下的操作的可能性很高时,必须把持车辆操作装置,或者将手放在可以瞬间把持住操作装置的位置。

6. 与测试驾驶人相关的自动驾驶系统的条件

(1)在公共道路自动驾驶系统实证测试中使用的自动驾驶系统必须保证测试驾驶人在发生紧急情况时可以采取必要的操作以确保安全。

(2)在公共道路自动驾驶系统实证测试中使用的自动驾驶系统必须保证在自动驾驶模式开始或者结束的时候,通过发出警报声等方式,向测试驾驶人传达实时状态信息,以完成和测试驾驶人之间对测试车辆驾驶的权限转让。

尤其在测试驾驶人不满足第 5 条第 3 款规定的条件的情况下,当自动驾驶系统达到或者即将达到极限,又或者检测到系统发生故障时,自动驾驶系统必须能够保证有充裕的时间,向测试驾驶人提出请求,并且能够确保测试驾驶人可以顺利地操作。

(3)实施主体应当根据《网络安全基本法》(2012 年第 104 号法律)的要求,确保公共道路自动驾驶系统实证测试能够采取安全合理的网络安全保护措施。

7. 公共道路自动驾驶系统实证测试中试验车辆相关数据等的记录和保存

为了能够对公共道路自动驾驶系统实证测试中发生的交通事故或者违反交通法律法规的行为进行充分的事后验证,实施主体应该采取以下措施:

(1)在测试车辆上设置行车记录仪或者活动记录仪,以记录车辆周边状况和车辆状态信息(最理想的是记录车辆前方、后方以及车辆内的全部状况)。

(2)在发生交通事故或者违反交通法律法规的情况下,采取可以用于进行事后验证的方法进行记录,从而保存测试车辆的传感器在公共道路自动驾驶系统实证测试中收集到的包括车辆状态信息在内的各种数据,以及传感器的运作状况。

8. 发生交通事故时的措施

(1)发生交通事故时,测试驾驶人必须根据《道路交通法》第 72 条的规定,采取立即停止车辆行驶、救助伤者、防止道路中发生危险等措施,并且将交通事故的状况向警方汇报。

(2)交通事故的发生可能是由于自动驾驶系统的故障或对系统过度信赖时,实施主体应当在开始调查这个交通事故的原因之后,在采取防止事故再发生的对策之前,暂停同样的公共道路自动驾驶系统实证测试。

9. 确保赔偿能力

实施主体应当在汽车损害责任保险之外,通过加入其他保险等方法来确保自身拥有适当的赔偿能力。

10. 事先联系有关部门

运行具有高度创新性技术的自动驾驶系统,或者是实施大规模的公共道路自动驾驶系统实证测试时,实施主体应该根据本次公共道路自动驾驶系统实证测试的计划和内容,预留充足的时间,提前联系管辖测试区域的警方[各个地方的警察局总部交通部交通企划(总务)课]、道路管理者、当地的运输局(包括运输分局),以及冲绳综合事务部,以获得综合考虑了测试车辆以及自动驾驶系统的性能、测试区域的交通事故、交通堵塞状况、道路施工计划、道路环境以及道路构造等因素的建议。

附录6　日本《远程型自动驾驶汽车公共道路实证测试的道路使用许可申请处理标准》

近年来国内外研发的自动驾驶技术,将是我国减少交通事故、缓解交通拥堵不可缺少的技术。“日本复兴战略2016”(2016年6月2日内阁会议决定)中提道:为了在2020年的东京奥运会和残奥会实现无人驾驶汽车服务,到2017年为止要就实现(无人驾驶)必要的实证测试来进行制度上的环境整顿。另外,2016年“政府和民间的ITS设想·规划”(2016年5月20日高度信息通信网络社会推进战略总部决定)提出了政府部门和民间各自的自动驾驶技术发展进度时间表和实际应用的推进方针。

考虑到上述种种形势,这一次将驾驶人通过远程操作汽车的自动驾驶系统在公共道路上驾驶汽车的实证测试归为《道路交通法》(1965年第105号法)第77条规定的道路使用许可的行为。并且,为了可以在全国范围内安全、顺利地实施与实验对象的技术水平相符的实证测试,制定了附件的《远程型自动驾驶汽车公共道路实证测试的道路使用许可申请处理标准》。有关这个处理,我们希望可以在行政事务处理上不留遗憾。

远程型自动驾驶汽车公共道路实证测试的道路使用许可申请处理标准

关于远离汽车的驾驶人通过通信技术来实现汽车驾驶操作的这种自动驾驶系统（简称“远程自动驾驶系统”）在公共道路上驾驶汽车的实证测试（简称“远程自动驾驶系统公共道路实证测试”），被归为《道路交通法》（简称“法律”）第77条规定的获得道路使用许可就可以实施的行为。

远程自动驾驶系统公共道路实证测试的道路使用许可申请的处理标准如下：

1 关于许可的审查标准

1.1 实证测试的目的等

（A）实证测试以与促进远程自动驾驶系统实际应用有关的技术开发为目的。

（B）证明实证测试管理员和远程监控/操作员（指的是能够远程运用自动驾驶系统来实现对测试车辆的操纵，并且能够根据情况，运用自动驾驶系统来监视或操作测试车辆的移动，并在法律上承担驾驶者责任与义务的人，下同）（※）在执行主体的监督下，能够有效使用为确保安全所必需的实施系统（包括紧急联络系统）。

※远程监控/操作员允许多人申请。但是每位远程监控/操作员运行一个或多个测试车辆时，每个测试车辆的远程监视/操作员仅限于一人。

（C）在需要其他法律法规许可（如运输业务许可）的情况下，有关机构可以确认（申请者）是否事先取得有关许可，或者确定是否能够取得相关许可。

1.2 测试时间和地点

（A）原则上要求测试地位于无线通信系统不会中断的地方，具有确保车辆安全运行所需要的通信环境。

（B）基于远程自动驾驶系统、测试车辆的功能以及测试场地的交通状况，将测试设定在不会给一般道路使用者造成严重交通阻碍的时间和地点。

1.3　安全措施

(A)它必须是一个可以确保安全的实施计划,其中包含基于通信延迟可能性的安全措施,以及确保远程监视/操作员能够在周围环境非常局限的条件下进行操作的安全措施。

(B)在测试车辆的前方、后方和侧面标明正在使用远程自动驾驶系统驾驶汽车。

1.4　远程自动驾驶系统的结构等

(A)必须符合道路运输车辆安全标准(1954 年第 67 号运输部部令)。

(B)在试验设施中,车辆在进行自动驾驶系统公共道路实证测试时可能发生的条件和情况进行行驶测试,由此测试主体可以确保测试车辆在公共道路上安全行驶。

(C)远程监控/操作员能够准确地控制测试车辆的制动功能。

(D)如果通信的响应时间超过规定时间,测试车辆必须能够安全地自动停车。

(E)如有需要,远程监控/操作员可以根据视频掌握测试车辆的情况,并与测试车辆中的人进行通话。

1.5　紧急措施

(A)为了确保交通顺畅,需建立一个在紧急情况下警方可以快速到达现场的体系。

(B)向警方提供发动机的停止方法或者其他的有效措施,以便在发生交通事故的情况下,警方可以根据需要停止测试车辆的发动机,确保不造成交通阻碍。

1.6　远程监控/操作员

(A)必须依照法律规定取得与测试车辆种类相对应的驾驶执照(不包括临时驾驶执照)。

(B)必须使远程监控/操作员始终意识到自己应承担法律上的驾驶人所承担的义务和责任。

1.7 行驶审查

警察或警务人员(原则上由驾驶执照考官或者有此经验的人员)坐上测试车辆,确认相关的操作员可以根据实证测试的环境(白天夜间、交通量),在全部的测试区段中操控测试车辆安全、合法地行驶(不包括为了行驶审查而申请道路许可的情形)。

1.8 一位远程监控/操作员运行多个测试车辆时的审查标准

(A)在测试场地,已经利用了自动驾驶系统对每个测试车辆进行过单独的公共道路实证测试,并且已经确认应用这个自动驾驶系统的测试车辆可以安全地在这个测试场地行驶。

(B)远程监控/操作员能够同时监控视频和声音,以便掌握测试车辆周围的环境和行驶方向。

(C)制订了安全计划,其中包括在行驶过程中,远程监视/操作员对一辆测试车辆进行远程控制,而对其他测试车辆的监测和运行变得困难的情况下的安全措施。

※安全对策的例子

(i)其他车辆自动并且安全地停止行驶。

(ii)追加的远程监控/操作员可以快速启动其他测试车辆的监控和操作系统。

(D)在行驶审查中,可以确认即便不通过远程监控/操作员的操作,所有的车辆也可以安全、合法地行驶(不包括为了行驶审查而申请道路使用许可的情况)。

(E)如果增加同时监视/操作的测试车辆数量,原则上是每增加一辆车,就增加一次新的测试,每一次都将被视为新的测试来申请道路使用许可。

2 许可期限

根据测试场所的交通情况,许可期最长不超过6个月。

行驶审查的道路使用许可的许可期限,由行驶审查所必需的时间来决定。

3 许可条件

3.1 测试场所、测试时间等

(A)只能按照申请时明确的日期、时间、地点和驾驶方法在道路上行驶。

(B)不能使用没有申请许可的自动驾驶系统和测试车辆。

(C)未获许可的远程监控/操作员不应使用远程自动驾驶系统运行测试车辆。

(D)在不使用远程自动驾驶系统的情况下,不运行测试车辆(驾驶人位于测试车辆内的情况除外)。

3.2 行驶要求

(A)在测试车辆上附上远程监控/操作员的驾驶执照副本。

(B)在远程监控/操作员使用远程自动驾驶系统操作测试车辆时,防止操作者的视野或遥控装置的操作受到干扰。

(C)远程监控/操作员使用远程自动驾驶系统行驶时,应监控测试车辆周边的状况、行驶的方向以及测试车辆的行驶状态,在车辆处于紧急状态的情况下,保持能够立即执行必要操作的状态。

(D)测试车辆的车速必须能够保证测试车辆从开始制动到完全停车所需要的距离,与普通车辆在该道路规定时速下从开始制动到完全停车所需要的距离一样。

※停车距离是指"在驾驶人感到危险并且踩下制动器,到制动器开始制动为止的行驶距离(空转距离),与车辆从制动开始到完全停止的距离(制动距离)的总和"。

3.3 交通事故等处理方法

(A)为了使消防队员能够在发生交通事故的情况下有效开展消防活动,应向消防机构提交有关测试车辆的运行、停车方法等,包括消防活动所需要的测试车辆信息以及测试日期等与测试项目有关的信息,并向有关消防部门进行解释说明。

(B)发生交通事故时,向消防机关和警方进行必要的通报,并且请求消防机关和警方协助处理就车内人员的救助而采取的防止测试车辆在道路上发生危险的措施。

(C)在道路实证测试中发生交通事故时,如果存在因远程自动驾驶系统的故障或者对自动驾驶系统的过于信赖而发生交通事故的可能,应中止测试,并正确存储和利用测试车辆录制视频和音频，包括远程监控/操作员的操作视频、语音等在内的操作状态记录、通信记录等信息，必要时，应当将前述信息提交给相关机构，并就事故的再发生采取一定的防止措施后，方可重新申请许可。

3.4 其他

根据道路或交通情况，确定交通安全状况较为平稳时远程监控/操作员需要关注的必要事项。

4 许可的指导事项

(A) 对于《公共道路自动驾驶系统实证测试指南》(2016 年 5 月由国家警察总局编制) 中与本标准测试目的不违背的部分，可以参照适用，比如对于赔偿能力的要求等。

(B) 审查标准和许可条件规定的是开展测试活动的最低限度要求，远程监控/操作员应根据远程自动驾驶系统的功能和实际交通情况，确定安全运行的具体要求。同时，运行机构应努力收集与研发预防性安全技术和碰撞后减损技术有关的信息，并在必要时考虑采用新技术。

(C) 远程监控/操作员应携带驾驶执照。

(D) 当远程监控/操作员离开遥控装置时，应采取措施防止他人进入测试车辆。

(E) 在测试车辆上附上或者标明根据法律规定应在测试车辆上附上或者标明的书面材料等。

(F) 测试车辆上必须附有高速公路许可证的副本。

(G) 测试机构在测试车辆上路通行前，应当向当地居民公布测试的有关内容，并对相关细节做解释说明。

(H) 发生应当报告的情况时，立即向管辖的警察局报告。

(I) 遵守包括《道路交通法》在内的相关法律法规。

(J) 根据道路交通情况酌情考虑其他事项，以确保交通状况的安全平稳。